Petra Kunik / Rolf Glaser
Susanna Faust-Kallenberg (Hrsg.)

Erinnerungskultur und Geschichtsbewusstsein

Je größer der zeitliche Graben zwischen dem Holocaust und der Gegenwart wird, desto schwerer fällt es der deutschen Gesellschaft, sich die Erinnerung um das Geschehene zu bewahren. Der Verlust der Zeitzeugen – sowohl der Opfer als auch der Täter – ermöglicht eine emotionale Distanzierung. Das führt nicht nur dazu, dass das Geschehene mehr und mehr in den Hintergrund der Erinnerung rückt, sondern dass das Gedenken und die historische Erinnerung an sich in Frage gestellt werden. Gleichzeitig erstarkt der Antisemitismus und alte Argumentationsmuster tauchen aus der Versenkung auf. In diesem Kontext wird nun die Diskussion um die Entwicklung unserer Erinnerungskultur geführt.

Petra Kunik, Autorin, Interreligiöse und Interkulturelle Referentin sowie erste und jüdische Vorsitzende der Gesellschaft für christlich-jüdische Zusammenarbeit e. V. Frankfurt.

Rolf Glaser, Stellvertreter Dekan vom kath. Stadtdekanat Frankfurt sowie Dekan von Frankfurt-Höchst und Gemeindepfarrer.

Susanna Faust-Kallenberg, Pfarrerin für Interreligiösen Dialog im ev. Stadtdekanat Frankfurt und Offenbach.

Petra Kunik / Rolf Glaser
Susanna Faust-Kallenberg (Hrsg.)

Erinnerungskultur
und Geschichtsbewusstsein

Mit Beiträgen von Aleida Assmann,
Micha Brumlik, Marc Fachinger,
Susanna Faust-Kallenberg, Rolf Glaser,
Petra Kunik, Melanie Lohwasser,
Hermann Vornoff

Brandes & Apsel

1. Auflage 2022

© Brandes & Apsel Verlag GmbH, Frankfurt a. M.
DTP: Brandes & Apsel Verlag
Coverabbildung: Gedenksteine am Alten Jüdischen Friedhof in Frankfurt
am Main; Bildausschnitt: Stein von Anne Frank, Urheber: Flibbertigibbet,
Wikipedia, Creative Commons-Lizenz
Druck: WIRmachenDRUCK, Printed in Germany
Gedruckt auf einem nach den Richtlinien des Forest Stewardship
Council (FSC) zertifizierten, säurefreien, alterungsbeständigen
und chlorfrei gebleichten Papier.

Bibliografische Information der Deutschen Nationalbibliothek:
Die Deutsche Nationalbibliothek verzeichnet diese Publikation
in der Deutschen Nationalbibliografie; detaillierte bibliografische
Daten sind im Internet über www. ddb.de abrufbar.

ISBN 978-3-95558-325-5

Inhalt

Susanna Faust-Kallenberg

Einleitung

Je größer der zeitliche Graben zwischen dem Holocaust und der Gegenwart wird, desto schwerer fällt es der deutschen Gesellschaft, sich die Erinnerung um das Geschehene zu bewahren. Der Verlust der Zeitzeug*innen – sowohl der Opfer als auch der Täter – ermöglicht eine emotionale Distanzierung. Das führt nicht nur dazu, dass das Geschehene mehr und mehr in den Hintergrund der Erinnerung rückt, sondern dass die Erinnerung an sich in Frage gestellt wird. Gleichzeitig erstarkt der Antisemitismus und alte Argumentationsmuster tauchen wieder auf. In diesem Kontext wird nun die Diskussion um die Zukunft und die Entwicklung einer Erinnerungskultur geführt.

Konstruktive Antworten bedürfen dabei einer Erforschung der Ursachen. So stellen sich Fragen wie: Hat die Tätergeneration sich wirklich von ihren antisemitischen Stereotypen verabschiedet oder gab es einfach nur einen praktikablen Konsens des Schweigens? Werden antisemitische Stereotype mit Flüchtlingen aus dem Nahen Osten nach Deutschland hineingetragen? Hat die bundesdeutsche Gesellschaft nach drei Generationen einfach wieder an Selbstbewusstsein gewonnen und die dritte und vierte Generation möchten nicht für die Taten ihrer Großväter und Großmütter verantwortlich gemacht werden?

Die Gesellschaft für christlich-jüdische Zusammenarbeit Frankfurt hat mit finanzieller Unterstützung der Hessischen Landesregierung zu einem Workshop über Erinnerungskultur eingeladen, indem – ausgehend von der Frage nach den Ursachen – an Möglichkeiten und Projekten einer konstruktiven Erinnerungskultur gearbeitet werden soll. Dazu wurden Aleida Assmann und Micha Brumlik eingeladen, die in einer Analyse die Ursachen beleuchteten und die aktuelle Debatte darstellten. Anschließend haben sich Mitarbeiter aus verschiedenen kirchlichen, städtischen und gesellschaftspolitischen Bildungseinrichtungen über Projekte der Erinnerungskultur ausgetauscht. Die Zahl der zunehmenden Covid-19-Infektionen in Frankfurt im Herbst 2020 beeinträchtigte diesen Workshop, sodass das Ziel dieses ersten Workshops nicht erreicht werden konnte und weitere Workshops mit einer größeren Beteiligung folgen werden. Die Vorträge der beiden Referenten sind in dieser Publikation genauso zu lesen, wie einige der Beispiele der Erinnerungskultur, die anschließend von Teilnehmenden vorgestellt wurden.

Kurze Zusammenfassung

Noch immer gibt es Zeitzeug*innen, die trotz ihres hohen Alters an Zeitzeugenprogrammen für Jugendliche teilnehmen. Hier ist inzwischen schon die vierte Generation von Schüler*innen beteiligt. Eines dieser Programme wird vom Kolbe-Werk in Polen organisiert. Dieses Programm wird durch einen Workshop begleitet und zeichnet sich dadurch aus, dass die Schüler*innen selbst aktiv werden müssen.

Ein anderes, inzwischen international bekanntes Programm der Erinnerungskultur ist das der Stolpersteine. Angehörige der zweiten und dritten Generation arbeiten mit und oft auf Initiative jüdischer Familien, die meistens im Ausland leben, deren Familiengeschichte auf. Am Ende wird hier in Deutschland oder dort, wo die Familie lebte, ein Stolperstein verlegt. Dabei kann es vorkommen, dass mit Schulklassen zusammengearbeitet wird, die eigentliche Forschungsarbeit wird jedoch nicht von den Schüler*innen übernommen.

In Frankfurt gibt es ein weiteres Programm: Dort werden die Kinder und Enkel*innen ehemaliger Frankfurter Jüdinnen und Juden zu einem Besuch eingeladen. Zum Ablauf gehören auch ein Besuch in einer Frankfurter Schule und ein Gespräch mit Frankfurter Schüler*innen.

Diese drei Bildungsprogramme zur Förderung der Erinnerungskultur stehen beispielhaft für zwei verschiedene Ansätze: So zielt das Zeitzeugenprogramm auf die direkte Begegnung zwischen Opfern und Schüler*innen oder der vierten Generation der Täter. Die Schwierigkeit ist, dass ein zeitlicher Graben überbrückt werden muss, aber kaum zu unterschätzen ist, dass bei der direkten Begegnung Glaubwürdigkeit transportiert wird und emotionale Betroffenheit entstehen kann. Das Projekt Stolpersteine oder das Besuchsprogramm in Frankfurt fördern dem gegenüber die Begegnung zwischen den Kindern, Enkeln und Urenkeln auf beiden Seiten. Beide leben in derselben Zeit und Distanz zum eigentlichen Geschehen, doch mit der Möglichkeit, einen Dialog über einen längeren Zeitraum aufzubauen.

Der Workshop beschäftigte sich anschließend mit der Frage, welche Chancen die digitalen Möglichkeiten in Bezug auf die Erinnerungskultur bieten könnten. Dies bezog sich hauptsächlich auf die Tondokumente vieler Zeitzeugen, die in digitalen Archiven gesammelt wurden. Bisher wurden diese nur ansatzweise ausgewertet und umgesetzt. Kann die digitale Begegnung mit einer Zeitzeugin die reale ersetzen? Hier sahen die Mitglieder durchaus Möglichkeiten, allerdings verbunden mit pädagogischen Herausforderungen. Ein besonderes Phänomen, auf dem sich aufbauen ließe, sei die Zweitzeugenarbeit. Schüler*innen, die nach der Begegnung mit Zeitzeugen*innen ihre Erfahrung weitergeben wollen und aufgrund der eigenen Fähigkeiten im Bereich der Social Media selbst zu einem digitalen Zeugen werden und/oder die eigene Familiengeschichte erforschen und damit einen Zugang zur familiären Erinnerungsgeschichte herstellen. Da eine solche Begegnung nur mit einem pädagogischen Konzept umsetzbar ist, setzt dies wiederum eine besondere Schulung von Lehrer*innen und Pfarrer*innen voraus.

Ein letzter Aspekt der Erinnerungskultur, der dann im nächsten Workshop angesprochen werden sollte, war das Thema Kunst als mehrdimensionale Ausdrucksformen sichtbarer Erinnerungskultur.

Aleida Assmann

Die deutsche Erinnerungskultur und ihre Zukunft

2020 – eine historische Schwelle

Anlässlich des Todes einer Tante wird der Ich-Erzählerin in Katja Petrowskajas *Vielleicht Esther* plötzlich bewusst, dass sie an eine zeitliche Schwelle gestoßen ist, an der sich ihr eigenes Leben ganz neu sortiert. Das plötzliche Verstummen eines Familienmitglieds macht ihr klar, dass sie an einem Abgrund des Vergessens steht. Jetzt kommt der entscheidende Satz: »Geschichte ist, wenn es plötzlich keine Menschen mehr gibt, die man fragen kann, sondern nur noch Quellen.«[1] Wir befinden uns gerade in einer entsprechenden Situation: Die Ereignisse des Holocaust sind im Begriff, von der erlebten Erinnerung in die Geschichte überzuwechseln. Es wird bald niemanden mehr geben, den oder die wir fragen können. Antworten auf unsere Fragen können wir dann nur noch in Büchern und Filmen, Quellen und Archiven suchen.

Wie kann das Erinnern über diese Schwelle gerettet werden? Derzeit ist ja besonders viel im Umbruch. Es gibt nicht nur das bevorstehende Ende der Zeitzeugen, es gibt einen weiteren Generationswechsel, es gibt einen technologischen Umbruch, es gibt politische Veränderungen durch neue Nationalisten, rechtsextreme Gewalt und Antisemitismus und es gibt neue Herausforderungen in der Einwanderergesellschaft.

---

1 Katja Petrowskaja (2015): *Vielleicht Esther*. Berlin: Suhrkamp, 30.

Was kommt nach dem Ende der Zeitzeugen?

Die Überlebenden des Holocaust hatten ja besonders in drei Bereichen eine wichtige Rolle gespielt: in den Schulen und in der Bildungsarbeit, in den Gedenkstätten und in Gedenkveranstaltungen. Die Präsenz dieser authentischen und unverwechselbar individuellen Stimmen wird uns in sehr absehbarer Zeit in diesen öffentlichen Kontexten sehr fehlen, denn mit ihnen verschwindet unwiederbringlich das Moment der verkörperten Erfahrung und Emotion durch die konkrete biographische Innensicht auf die Erschütterung des historischen Traumas des Holocaust.

Auf dieses herannahende Ende hat man sich technisch aber schon lange vorbereitet. Seit den 1990er Jahren, dem Jahrzehnt, das Annette Wieviorka »das Jahrzehnt der Zeitzeugen« genannt hat, wurden in den USA und an anderen Orten der Welt die Stimmen, Gesichter und Geschichten von Überlebenden des Holocaust eingesammelt. Steven Spielberg, der 1995 die Shoah Foundation gründete und solche Zeugnisse in großer Zahl produzierte, berichtete stolz: »Wir haben mehr als 50.000 Zeitzeugenberichte in 31 Sprachen aus 57 Ländern gesammelt. Das ergibt 14 Jahre Spielzeit, genug Videobänder, um den Erdball damit zu umwickeln.«[2] Die VHS-Kassetten, die diese Zeugnisse für die Nachwelt sichern sollten, waren jedoch bald antiquiert und müssen nun Band für Band aufwendig digitalisiert werden. Die technische Innovation ist das eine Problem. Das andere ist, dass noch nicht klar ist, wie dieser riesige Bestand in den Gebrauch und in die Kommunikation zurückgebracht werden kann. Denn Informationen, die in einem Archiv *vorhanden* sind, sind damit noch nicht unbedingt auch *zur Hand.*

In der Shoah Foundation an der Universität von Südkalifornien setzt man inzwischen auf eine neue Technik. Dort wird seit 2012 an

---

2 Steven Spielberg, zit. n.: Elena Lappin: *Der Mann mit zwei Köpfen*, Zürich, 200, 5.

einem neuen Speicherformat gearbeitet, das eine dauerhafte Interaktion mit Zeitzeugen im Klassenzimmer ermöglichen soll. Karen Jungblut, die dieses Projekt seit Jahren betreut, und Sanna Stegmeier, die die deutsche Fassung des digitalen Zeugnisses mit einer wissenschaftlichen Studie begleitet, boten mir eine digitale Probevorführung mit der digitalen Erscheinung von Anita Lasker-Fischer auf einer online-Plattform an. Nach einigen englischsprachigen Vorgängern ist sie die erste Holocaustzeugin, die ihre Interviews in deutscher Sprache aufgenommen hat. Manche sehen hier ein ethisches Problem; sie finden das technische Surrogat für den lebendigen Menschen geisterhaft und geschmacklos. Ich muss jedoch sagen, dass ich sehr beeindruckt war von dieser enormen Leistung der Kooperation zwischen der 95-jährigen Überlebenden und dem technischen Team in Berlin. Das bewegte Bild von Frau Lasker-Fischer, das ich vor mir auf dem Bildschirm hatte, hat meine durchaus unüblichen Fragen mit einer erstaunlichen Ausführlichkeit und persönlichen Prägnanz beantwortet, und das, sowohl was Stimme, Physiognomie als auch Ausdruck anging. Mit anderen Worten: Ich war sehr beeindruckt sowohl von der technischen Leistung des Teams, als auch von den Worten, die durch diese Installation hindurchdrangen. Ich kann mir deshalb vorstellen, dass dieser aufwendige interaktive Informationsspeicher auch auf Schülerinnen und Schüler seine Wirkung nicht verfehlen wird.

Ich möchte am Rande noch auf einen weiteren Generationswechsel hinweisen, auf den wir uns gerade vorbereiten. Ich denke dabei an die 68er Generation, die in Westdeutschland der Träger dessen ist, was wir die deutsche Erinnerungskultur nennen. In diesem Land gingen die erinnerungspolitischen Impulse nämlich nicht wie in der DDR von oben, sondern von unten aus. Für mich ist das entscheidende Merkmal der deutschen Erinnerungskultur, dass sie überall vor Ort durch ehrenamtliche Initiativen getragen wird. Ohne sie wären auch die Stolpersteine vor der Haustür nicht möglich.

Anders als in anderen Ländern Europas sind hier die Städte der eigentliche Austragungsort, hier bilden sich Kreise um Geschichtswerkstätten und Spurensuche, und immer geht es dabei um die *eigene Geschichte vor Ort*, die es freizulegen und zu bergen gilt. Allerdings weiß in Deutschland keine Stadt, was in diesem Punkt in der anderen geschieht. Dafür gibt es nämlich keine übergreifende Berichterstattung.

Ein Beispiel ist das Blaue Haus in Breisach, einem ehemaligen jüdischen Gemeindezentrum, das die Stadt zurückgekauft hat, und wo seit 30 Jahren von einer aktiven Gruppe die Erinnerung an eine der ältesten jüdischen Gemeinden in Deutschland und an die Opfer der Deportation nach Gürs wachgehalten wird. Breisach ist obendrein Partnerstadt der polnischen Stadt Oswiecim, mit der ein reger europäischer Austausch, gerade auch über die Schulen, gepflegt wird. Hier wie an allen anderen Orten stellt sich gerade die Frage: Wer wird diese Arbeit fortsetzen? Wer wird von der jüngeren Generation den Staffelstab der Erinnerung übernehmen und die Erinnerung an diesen Orten aufrechterhalten?

Es gibt derzeit jedoch keine Anzeichen, dass das Interesse am Thema Holocaust mit dem zeitlichen Abstand geringer wird. Im Gegenteil, es gibt Beispiele dafür, dass die Auseinandersetzung in der dritten Nachkriegsgeneration noch einmal sehr persönlich und grundsätzlich ist. Gerade in Familien, in denen die Elterngeneration sich diesen Fragen entzogen hat, stellen die Enkelkinder plötzlich engere Beziehungen zu den Großeltern her. Das gilt nicht nur für die dritte Generation in jüdischen Familien wie der von Katja Petrowkaja, sondern auch für die dritte Generation in deutschen Familien, die sich mit Fragen historischer Schuld und der aktiven Beteiligung ihrer Familienmitglieder am Nationalsozialismus auseinandersetzen. Gegenüber vagen Begriffen wie Verstrickung bevorzugen sie eine deutliche Sprache und arbeiten die Familiengeschichte aus Hinterlassenschaften und Archiven auf. Beispiele sind der Schriftsteller

Hermann Kinder, der Büchnerpreisträger Lukas Bärfuss und die Journalistinnen Alexandra Senfft, Cristina Nord, Geraldine Schwarz oder der Filmemacher Sebastian Heinzel. Von ihnen kommen auch neue Anstöße einer bild-künstlerischer Auseinandersetzung mit der Tätergeschichte wie Nora Krugs Buch *Heimat. Ein deutsches Familienalbum* (2018).

Behagen und Unbehagen an der deutschen Erinnerungskultur

Es gibt nicht nur das Unbehagen an der deutschen Erinnerungskultur, sondern auch ein Behagen. Das prominente Beispiel ist Susan Neimans Buch *Learning from the Germans. Race and the Memory of Evil* (2019) über den Zusammenhang von Geschichtsvergessenheit und anhaltender Gewaltgeschichte in den amerikanischen Südstaaten. Vor dem Hintergrund der Polarisierung und dem Rassismus in den Vereinigten Staaten empfiehlt die aus den Südstaaten der USA stammende jüdische Philosophin den Import einer Erinnerungskultur, die in der Lage ist, die Wende von einer Opfererinnerung zu einer Tätererinnerung einzuleiten. Das krasseste Symbol rassistisch motivierter Gewalt sind die Statuen der Generäle, die im Amerikanischen Bürgerkrieg auf Seiten der Südstaaten kämpften und diesen Krieg verloren. Die Denkmäler entstanden viel später Ende des 19. und Anfang des 20. Jahrhunderts, um die Niederlage umzudeuten und als den heroischen Feldzug für eine »Verlorenen Sache« bzw. »Lost Cause« zu verherrlichen. Sie erkennen das historische Resultat des Bürgerkriegs nicht an, sondern mobilisieren weiter Rassismus und Gewalt gegen die schwarze Bevölkerung. Vor dem Hintergrund solcher Geschichtspropaganda ist man verständlicherweise bereit, einen positiven Effekt der deutschen Erinnerungskultur anzuerkennen.

Ein weiterer Indikator für eine internationale Akzeptanz der deutschen Erinnerungskultur ist für mich die Verbreitung von Gunter Demnigs Stolpersteinen. Allein im Jahr 2019 hat der Künstler mehr als 80.000 Stolpersteine in ganz Europa verlegt. Diese andere Form der Geschichtsstunde findet vor der Haustür von Menschen statt, die von der NS-Regierung verfolgt, deportiert und ermordet wurden. Sie hat sich längst in vielen Nachbarländern ausgebreitet. Das Entscheidende für mich an diesem Denkmal ist, dass es nicht ohne konkrete Recherchen auskommt. Es muss Menschen geben, die die Geschichte der einzelnen Opfer vor Ort rekonstruieren und dabei auch den Kontakt mit Überlebenden herstellen. Auf diese Weise wird die abstrakte Geschichte des Holocaust konkret; Handlungsketten und Verantwortlichkeiten werden wieder sichtbar.

Auch in Russland gibt es einen Ableger der Stolpersteine für die Opfer von Stalins Gulag. Die Aktion heißt »Die letzte Adresse« und markiert – nicht im öffentlichen Raum, dafür gibt es in Russland keine Lizenz – aber an der Hauswand auf einer Metalltafel Name und Schicksal der Deportierten. Während Intellektuelle in vielen Ländern, in denen es keinerlei Auseinandersetzung mit den eigenen Verbrechen gibt, wie in Russland, der Türkei oder Spanien, die deutsche Erinnerungskultur als »German model« und Vorbild schätzen, wächst in Deutschland die Zahl derer, die ihr *Unbehagen* an der deutschen Erinnerungskultur artikulieren. Waren es bisher vorwiegend deutsche Stimmen aus dem linken politischen Spektrum, die sich gegen ihre Erstarrung und Ritualisierung wehrten, sind mittlerweile vor allem jüdische Stimmen der dritten Nachkriegsgeneration hinzugekommen, die sich nun vermehrt zu Wort melden.

Als Fortsetzung seines 2018 erschienenen Bandes *Desintegriert euch!* hat Max Czollek soeben eine weitere Streitschrift mit dem Titel *Gegenwartsbewältigung* vorgelegt. Von der deutschen Gedenkkultur, die vorwiegend »der Wiedergutwerdung der Deutschen« gelte und ihrer »nationalen Selbstaufwertung« diene, hält er wenig, zumal diese zulasten jüdischer und migrantischer Minderheiten, gehe, die als Statisten gebraucht und je nach Bedarf politisch instrumentalisiert werden. Er wendet sich auch scharf gegen die vordergründige Entlastungsstrategie von deutschen Politikern wie Philip Amthor, die den eigenen Antisemitismus auf die Migranten verschieben und am 27. Januar 2020, vier Monate nach dem Angriff auf die Synagoge in Halle 2019 verkünden, dass Antisemitismus »vor allem in muslimisch geprägten Kulturkreisen besonders stark vertreten« sei. Durch verschobenen Antisemitismus und offene Islamfeindlichkeit werde vom Rechtsradikalismus abgelenkt und die beiden am meisten gefährdeten Minderheiten gegeneinander ausgespielt. Ein weiterer Vorwurf gegen die deutsche Erinnerungskultur: Das ritualisierte öffentliche Eingeständnis deutscher Schuld leiste der Verdrängung biographischer Bezüge Vorschub und führe zu einer »Behauptung individueller und familiärer Unschuld«. Dieses Argument kann ich in dieser Pauschalität nicht anerkennen, im Gegenteil habe ich schon darauf hingewiesen, dass es derzeit einen deutlichen Trend gegen die Beschönigungstendenz der Enkel gibt: weg von der Devise »Opa war kein Nazi« hin zu »Opa war ein Nazi«.

Ebenfalls gegen die deutsche Erinnerungskultur richtet sich Samuel Salzborns Streitschrift *Kollektive Unschuld. Die Abwehr der Shoah im deutschen Erinnern* (Leipzig: Hentrich & Hentrich 2020). Die Erinnerungskultur hat in seinen Augen vor allem eines bewirkt, nämlich »die größte Lebenslüge der Bundesrepublik, den Glauben an eine tatsächliche Aufarbeitung der Vergangenheit«. Was »im gesamtgesellschaftlichen Raum nur rudimentär verankert ist – und, im Gegenteil, heute hartnäckiger denn je abgewehrt wird«, ist für ihn »die Aufarbeitung der NS-Vergangenheit, der Abschied vom eigenen Opfermythos und die Auseinandersetzung mit der antisemitischen Täterschaft in so gut wie allen Familiengeschichten der Bundesrepublik«.

Ein weiterer Autor ist Ariye Shalicar. Sein Buch *Der neu-deutsche Antisemit. Gehören Juden heute zu Deutschland?* ist ein Jahr zuvor ebenfalls im Hentrich & Hentrich Verlag erschienen. Der Jude mit iranischen Wurzeln ist in Deutschland geboren und aufgewachsen. Zunächst war er Graffiti-Künstler und Hip-Hop-Musiker; inzwischen ist er israelischer Staatsbürger, Major der Reserve, ehemaliger Armeesprecher und Leiter der Abteilung für auswärtige Angelegenheiten im »Ministerium für Nachrichtendienste«, wo er im sicherheitspolitischen System dafür zuständig ist, »schwache Signale und ›aufkommende Trends‹ in der Welt und in der Region frühzeitig zu erkennen«.[3] Shalicars Lesereise wurde von Felix Klein, dem neuen Beauftragten für jüdisches Leben und den Kampf gegen Antisemitismus, finanziert. In seinem Buch referiert der Autor Gespräche mit Vertretern unterschiedlicher Gruppen aus Deutschland wie Politiker, Vertreter von Nichtregierungsorganisationen, Journalisten, Polizisten, Akademiker und christliche Pilgergruppen. Das Ergebnis dieser Gespräche ist die klare Erkenntnis: Antisemitismus ist in Deutschland weiterhin tief verwurzelt, nur wird sie heute als »Israel-Kritik« getarnt. Deshalb gehören Juden heute nicht mehr selbstverständlich zu Deutschland. Ilana Hammerman, eine israelische Teilnehmerin einer Lesung von Shalicar an der Humboldt Universität, fasste ihren Eindruck mit folgenden Worten zusammen:

> [In] fließendem Deutsch hat der Mann vor seinen deutschen Zuhörern eine lange Hetz- und Propagandarede gehalten – eine arrogante, giftige und rassistische Hetze vor allem gegen Muslime, aber auch gegen bestimmte Juden und eine billige Propaganda zum Lob Israels und seiner Politik. Seine Worte wurden vom Publikum mit Genugtuung und Applaus aufgenommen.

---

3 Ilana Hammerman: Ein neues Gespenst geht um in Deutschland: »der Neu-deutsche Antisemitismus«? In: *Der Semit. Die andere jüdische Stimme* vom 16. Juli 2019. Der Beitrag von Dr. Ilana Hammerman erschien am 5. Juli 2019 in der Tageszeitung *Haaretz*. Der Text wurde von Jonathan Nieraad, Berlin, aus dem Hebräischen übersetzt.

Alter und neuer Antisemitismus

Während die Zahl der letzten Zeugen des Holocaust abnimmt und die Ehrenamtlichen der lokalen Erinnerungskultur in den Hintergrund treten, breitet sich der alte Antisemitismus auf neuen Kanälen immer schneller aus. Im Internet tauschen sich rechtsradikale Gruppen mit viraler Geschwindigkeit aus, vernetzen sich und brechen dann irgendwann mit Gewalt in die Realität ein. Man denke nur an die globale Achse zwischen dem Heeresgeschichtlichen Museum in Wien, einem Versammlungsort der Identitären, den der Attentäter von Christchurch (Neuseeland) vor seiner Tat besuchte, und dem Anschlag an Yom Kippur 2019 in Halle, dessen Täter den Anschlag in Christchurch kopierte. Mit seinen Akten der Gewalt verbreitete der bis an die Zähne bewaffnete Attentäter Schrecken und Grauen in den Straßen von Halle, während er mit seiner Kamera gleichzeitig Tausende von Followern anonymer Communities bediente, vor denen er als Superheld auftrat und von denen er sich Bewunderung erhoffte. Die eine Hälfte seines Terrors entlud sich damit in der realen Welt vor Ort, die andere Hälfte im global entgrenzten digitalen Raum einer anonymen Zuschauergemeinde. Das ist nicht mehr die Welt, in der ich aufwuchs, und es ist auch nicht die Welt, in der meine Kinder aufwuchsen, aber es ist die globalisierte Welt, in der meine Enkel aufwachsen.

Kein Zweifel, Deutschland hat gegenwärtig ein dramatisches Antisemitismus-Problem. Die Identität der Deutschen ist von der Judenvernichtung, die von Nazideutschland ausgegangen ist, nicht abzulösen. Die historische Verantwortung für dieses Menschheitsverbrechen ist mit einer besonderen Verantwortung für den Staat Israel verbunden. Sie ist Teil der deutschen Staatsräson und zeigt sich in enger Kooperation mit den Menschen in diesem Staat und seinen Institutionen. Dass Juden und Jüdinnen der dritten und vierten Generation nach dem Holocaust wieder in Deutschland leben und hier eine Grundlage für ihre Existenz gefunden haben, grenzt an ein Wunder. Umso erschütternder ist es, dass dieses jüdische Leben in Deutschland inzwischen schon wieder in einer dramatischen Weise gefährdet ist. Das Tragen von Kippas macht Menschen zur Zielscheibe von verbalen und tätlichen Angriffen, jüdische Gemeindeeinrichtungen bedürfen besonderer Sicherheitsmaßnahmen. Die Verbreitung des Giftes des Antisemitismus in rechten Gruppierungen und im Internet nimmt weiter zu und erfordert ein entschlossenes Handeln der Ordnungskräfte, klare Positionen der Politiker, aber auch die Wachsamkeit aller BürgerInnen.

Die Loyalität für Israel und der Schutz jüdischen Lebens in Deutschland gegen rechtsextreme Angriffe darf aber nicht auf Kosten der Solidarität mit Palästinensern, Israelis und jüdischen Stimmen in der Welt gehen, die sich für eine friedliche Lösung des Nahostkonflikts und eine gemeinsame Zukunft für beide Nationen einsetzen. Auch das sollte Teil der deutschen Staatsräson sein, denn das palästinensische Trauma der Vertreibung (Nakba) und die daraus resultierende Notlage wurden ebenfalls durch den von Deutschland ausgehenden Holocaust mit verursacht.[4] Der Kampf gegen Antisemitismus fordert in diesem Land die Vereinigung aller Kräfte. Leider wird der aber durch einen neuen Antisemitismusbegriff und eine Debatte gestört, die von dieser wichtigen Aufgabe ablenkt, die Gemüter verwirrt und die falschen Gegner ins Visier nimmt.

---

4 Der Frage, wie Holocaust und Nakba verbunden sind, bin ich in einem Aufsatz nachgegangen: One land and three narratives. Palestinian sites of memory in Israel. *Memory Studies* 2018, 11(3), 287–300.

IHRA

Die Sorge um die Sicherung der soeben erst entstandenen Holocaust-erinnerung für die Zukunft hat bereits vor 20 Jahren Überlebende und Politiker angetrieben, ein Bündnis von Staaten zu gründen, um sich dieser Aufgabe anzunehmen. Das Bündnis der »International Holocaust Remembrance Alliance« (IHRA) kam zum ersten Mal auf Einladung des schwedischen Präsidenten Göran Persson am 27. Januar 2000 in Stockholm zu einem Internationalen Forum zusammen, um die Holocaust-Erinnerung für die Zukunft zu sichern und in den Mitgliedstaaten zu verankern. Die IHRA umfasst inzwischen 31 Mitgliedsländer, zu denen neben den EU-Staaten auch Israel, die USA und Argentinien gehören, sowie Beobachterstaaten und Partnerorganisationen wie die UN und die UNESCO.[5]

Die Gründungsurkunde dieses Staaten-Bündnisses ist die »Stockholm Declaration«, die in acht Punkten die Ziele des Bündnisses zusammenfasst. Dazu gehört die Einführung des 27. Januar als verpflichtender Gedenktag, der seit 2005 auch für die Mitgliedstaaten EU gilt und von den Vereinten Nationen eingeführt wurde. Weitere Punkte betreffen die Erklärung des Holocaust als Zivilisationsbruch in Europa und der Menschheitsgeschichte, den Auftrag einer transnationalen Erinnerungsallianz für das Gedenken an die Opfer und ihre Helfer, die Förderung von Aufklärung und Forschung über den Holocaust samt der Öffnung von Archiven, und die Bekämpfung von Antisemitismus, um »die Saat einer besseren Zukunft in den Boden einer bitteren Vergangenheit (zu) streuen«.[6]

---

5 Die frühere Selbstbeschreibung des Bündnisses als NGO war nicht ganz korrekt, weil es sich von Anfang an um eine Allianz von Regierungen und Experten handelte. Der ursprüngliche Name »Task Force for International Cooperation on Holocaust Education, Remembrance, and Research« wurde 2012 geändert. Das neue Logo entwarf Daniel Liebeskind.

6 https://www.holocaustremembrance.com/de/about-us/stockholm-declaration.

Seither treffen sich die Staaten der IHRA jährlich in einem anderen Land und diskutieren die praktischen Fragen, die mit der Umsetzung der Holocaust-Erinnerungskultur in den unterschiedlichen politischen und kulturellen Milieus der einzelnen Mitgliedsstaaten verbunden sind.

Eine neue Antisemitismus-Definition

Unter dem Eindruck der wachsenden Aktualität einer neuen Antisemitismusgefahr hat das Plenum der IHRA im Mai 2016 in Bukarest eine neue Antisemitismusdefinition beschlossen. Diese Definition hat einen Prozess eingeleitet, in dem wir uns gerade befinden und dessen Ende noch nicht abzusehen ist.

Sie wurde im September 2017 von der deutschen Bundesregierung, damals noch vertreten durch Innenminister Thomas De Maizière und Außenminister Sigmar Gabriel, übernommen. Die Minister empfahlen, diese rechtlich nicht bindende Erklärung im Schulunterricht und in der juristischen Ausbildung einzusetzen, aber auch als Unterstützung für Polizeibeamte, um Straftaten mit antisemitischem Hintergrund besser erkennen und einzuordnen zu können. Auf diese Weise sollte »der Antisemitismusbekämpfung auf nationaler Ebene mehr Bedeutung und Sichtbarkeit zu Teil werden.«[7] In Erfüllung dieses Ziels wurde zwischen 2017 und 2020 in Deutschland Schritt für Schritt ein neuer politischer Rahmen geschaffen. Im Januar 2018 wurde die Stelle eines Antisemitismusbeauftragten des Bundes eingerichtet; es folgten 13 Bundesländer mit der Bestellung eigener Antisemitismusbeauftragten. Im Mai 2019 kam es zur BDS-Resolution des deutschen Bundestages. Im November, kurz nach dem

---

7 https://www.bmi.bund.de/SharedDocs/kurzmeldungen/DE/2017/09/definition-anti semitismus.html

Anschlag vom 9. Oktober auf die Synagoge in Halle, übernahm die Hochschulrektorenkonferenz die Anti-BDS-Resolution und machte gleichzeitig die Antisemitismusdefinition zur verbindlichen Leitlinie an den Universitäten. Aber erst mit der Mbembe-Debatte, die immer weitere Kreise zog, wurde offensichtlich, dass sich das politische Klima in Deutschland plötzlich merklich verschärft hatte.

Meine Erklärung dafür ist, dass sich in den letzten beiden Jahren in Deutschland die Antisemitismus-Definition signifikant verschoben hat. Die Veränderung ist zwar nur minimal, aber folgenreich. Deshalb ist es geboten, sich die Schlüsseltexte, um die es hier geht, noch einmal genauer anzuschauen und dabei eine Lupe zu benutzen.

Die Bukarest-Definition der IHRA von 2016 bot die folgende Arbeitsdefinition an, die sich auf Judenhass und die damit verbundenen Feindbilder als eine spezifische Form der Wahrnehmung bezieht:

> Antisemitismus ist eine bestimmte Wahrnehmung von Juden, die sich als Hass gegenüber Juden ausdrücken kann. Der Antisemitismus richtet sich in Wort und Tat gegen jüdische oder nicht-jüdische Einzelpersonen und/oder deren Eigentum, sowie gegen jüdische Gemeindeinstitutionen und religiöse Einrichtungen.[8]

Im zweiten Teil der IHRA-Definition folgte auf diese Kerndefinition eine längere Liste von Beispielen, die Antisemitismus veranschaulichen sollte. Das erste Beispiel lautet:

> Erscheinungsformen von Antisemitismus können sich auch gegen den Staat Israel, der dabei als jüdisches Kollektiv verstanden wird, richten. Allerdings kann Kritik an Israel, die mit der an anderen Ländern vergleichbar ist, nicht als antisemitisch betrachtet werden.

---

8 https://www.holocaustremembrance.com/de/node/196 (abgerufen am 11. September 2019) Diese Kerndefinition taucht auch in den Quellen des Auswärtigen Amts und des Innenministeriums auf.

In neueren Verlautbarungen, wie zum Beispiel auch der Erklärung der Hochschulrektorenkonferenz, wird die Antisemitismusdefinition der IHRA in einer etwas anderen Variante zitiert. Diese sieht so aus, dass in die Kerndefinition das erste Beispiel mit aufgenommen wird, aber ohne den einschränkenden Zusatz. Seither lautet diese erweiterte neue Definition:

> Antisemitismus ist eine bestimmte Wahrnehmung von Juden, die sich als Hass gegenüber Juden ausdrücken kann. Der Antisemitismus richtet sich in Wort und Tat gegen jüdische oder nicht-jüdische Einzelpersonen und/oder deren Eigentum, sowie gegen jüdische Gemeindeinstitutionen und religiöse Einrichtungen. Erscheinungsformen von Antisemitismus können sich auch gegen den Staat Israel, der dabei als jüdisches Kollektiv verstanden wird, richten.[9]

Mit dieser kleinen Veränderung hat sich der Fokus der »Arbeitsdefinition Antisemitismus« verlagert und ist zu einem Instrument politischer Intervention und Repression geworden. Während die BDS Resolution der Auslöser für den Rücktritt Peter Schäfers und die Ausladung Achille Mbembes war, wurde die neue Antisemitismusdefinition zum Auslöser eines »neuen Historikerstreits« und einer Debatte um die Rolle des Holocaust in der deutschen Erinnerungskultur. Insgesamt hat die Verlagerung des Schwerpunkts der Antisemitismusbekämpfung durch BDS und IHRA dazu geführt, dass das Bedrohungspotenzial inzwischen mit Akribie bei linken und liberalen Intellektuellen gesucht wird. Das Ergebnis war, dass die israelische Regierung vor Kritik geschützt wird und dabei

---

9 https://www.auswaertiges-amt.de/de/aussenpolitik/themen/kulturdialog/-/216610 (abgerufen 20. September 2019). Da im Wikipedia-Artikel der IHRA sich nur noch diese Definition ohne Hinweis auf ihre früheren Stufen findet, ist es nicht leicht, die Spuren dieser Änderung nachzuvollziehen. Die Bukarest-Fassung findet sich auf folgender Archiv-Seite der IHRA: https://www.holocaustremembrance.com/news-archive/working-definition-antisemitism

gleichzeitig von den immer radikaler werdenden rechtsradikalen und rassistischen Umtrieben hierzulande abgelenkt wird. Auch die Arbeit von Intellektuellen und Kulturinstitutionen wie Wissenschaft, Theater und Museen ist seither nicht nur erschwert, sondern zum Teil auch behindert und blockiert worden.

Ich schlage hier eine Unterscheidung von *drei* Antisemitismusbegriffen vor:

1. der alte-neue Antisemitismus als Hass und Gewalt gegen Juden.

Er schließt eine 2.500-jährige Geschichte der Diskriminierung, Verfolgung und Vernichtung von Juden ein, die zunächst religiös, später »rassisch« als Feinde stigmatisiert werden. Der Kampf gegen diesen Antisemitismus ist so aktuell wie eh und je, weil er mit einem ausgedehnten Repertoire an Bildern, Stereotypen und Narrativen arbeitet, das in der Geschichte unter unterschiedlichen Voraussetzungen immer wieder erneuert wird.

2. der politische Antisemitismus als Form der Aberkennung des Existenzrechts des Staates Israel.

Dieser Judenhass ist politisch motiviert und richtet sich gegen den Staat Israel. Er ging aus von kommunistischen Staaten und lebt weiter in islamischen Staaten, die Israel zu ihrem zentralen Feindbild gemacht haben. Dazu gehört Iran, wo Achmadinedschad 2006 eine große Konferenz der Holocaust-Leugner organisierte und einen symbolischen Countdown der Existenz Israels einleitete.

3. der neue Antisemitismus als Kritik an der Politik des Staates Israel.

Es ist diese neue dritte Definition, die zur gegenwärtigen Verwirrung beigetragen hat, denn bei dieser Definition wird nicht mehr unterschieden zwischen der Frage des Existenzrechts Israels und der Frage nach berechtigter oder unberechtigter Kritik bestimmter Elemente der Politik in diesem Land. Genau diese Nichtunterscheidung in der neuen Antisemitismus-Definition hat die explosive Stimmung geschürt und zur allgemeinen Verunsicherung geführt.

Polarisieren oder solidarisieren?

Die Mbembe-Debatte hat sich zu einem »Zweiten Historikerstreit« ausgewachsen, bei dem nicht mehr das Leugnen und Historisieren im Mittelpunkt steht, sondern das Vergleichen und Relativieren. Für die Erinnerung stellen sich inzwischen weitere Fragen:

- Muss man den Holocaust isolieren oder darf man ihn mit anderen Ereignissen in Beziehung setzen?
- Welche Rolle spielt dabei der Vergleich?

Die Singularität des Holocaust erweist sich ja erst, wenn wir verglichen haben. Denn vergleichen, wie immer wieder betont wird, heißt ja nicht gleichsetzen.

So verwirrend und unübersichtlich die Debatte zunächst war, ein halbes Jahr später schält sich für mich ihr Kern immer klarer heraus. Ich möchte ihn auf die Alternative »Solidarisieren oder polarisieren?« reduzieren. In diesem Licht sortiert sich die Logik der vorgetragenen Argumente ebenso klar wie der ihnen innewohnende performative Impact. Denn es stehen sich hier im Wesentlichen zwei Positionen diametral gegenüber. Diejenigen, die sich für »Polarisieren« entschieden haben, sehen in Mbembe einen Hassprediger, der mit seinen Vergleichen den Holocaust leugnet und die Existenz Israels untergräbt; für diejenigen, die sich für »Solidarisieren« entschieden haben, ist er das Gegenteil: Jemand, der aufgrund seiner eigenen Erfahrung mit Gewaltgeschichten neue globale Perspektiven auf diese entwickelt, indem er zwischen ihnen Verbindungen herstellt und neue Kontaktstellen aufzeigt.

Dieser Gegensatz zwischen Polarisieren und Solidarisieren zieht sich durch alle Texte der Debatte durch. Während die einen die Logik des Entweder/Oder forcieren und damit zugleich eskalieren und immer neue Formen der Polarisierung produzieren, plädieren die anderen für eine Logik der Deeskalation und des Sowohl/Als-auch. Während die einen mit verschiedenen Druckmitteln für eine Verengung des Denkraums sorgen, sind die anderen um eine Entspannung und Erweiterung des Denkraums bemüht. Mit Blick auf diese klare Dynamik stellt sich eine weitere Frage:

Wer hat in dieser Debatte eigentlich ein so starkes Interesse an einer Eskalation durch die Aufrüstung von Normen, eine scharfe Ausschlusslogik und die damit einhergehenden Gesten der Einschüchterung?

Offenbar wollen diejenigen, die sich mit der Waffe der neuen Antisemitismus-Definition ausgerüstet haben, mit ihren Verdächtigungen, Stigmatisierungen und Verurteilungen vor allem eines: in der Gesellschaft klare Fronten herstellen. Und möglicherweise geht es dabei weniger um sachliche Probleme, sei es die Exegese der Texte von Mbembe, die wissenschaftliche Methode des Vergleichs oder Fragen der Erinnerungskultur, als um eindeutige politische Standpunkte. Deshalb wird Kritik an einer bestimmten Regierung innerhalb der israelischen Demokratie, die ja grundsätzlich offen für Diskussion sein sollte, als eine Form von Antisemitismus und damit als Angriff auf die Existenz des jüdischen Staates und der jüdischen Nation gewertet. Falls die Debatte von einem außenpolitischen Interesse geleitet war, das um jeden Preis die aktuelle politische Linie des israelischen Präsidenten Netanyahu stabilisieren und gegen Kritik immunisieren möchte, hätte sich die neue Antisemitismusdefinition als ein erstaunlich effektives Instrument erwiesen.

Die gegensätzlichen Optionen des »Entweder/Oder« bzw. des »Sowohl/Als-auch« bieten sich auch als ein Schlüssel für Grundfragen der Erinnerungskultur an. Da die Dynamik des Gedächtnisses so beschaffen ist, dass eine starke Erinnerung eine andere abschwächt oder ganz ausblendet, galt es zunächst als nicht verwunderlich, dass auch im sozialen und politischen Raum die Logik des Entweder/Oder herrscht und eine Erinnerung auf Kosten der anderen existiert. Diese Logik steigert sich in identitätspolitischen Konstellationen. Das Gebot: Du sollst keine andere Erinnerung neben mir haben!, verengt den Zugang zur Geschichte und schließt bedeutungsvolle historische Beziehungen mit anderen Gruppen aus. Das kann dann so weit gehen, dass die Verabsolutierung der eigenen Erinnerung nicht nur zur Ausblendung anderer Erinnerungen führt, sondern auch zur Auslöschung der Erinnerungen anderer.

Michael Rothberg verdanken wir einen wichtigen Beitrag zu diesem Thema, der dieses festgelegte Denkmuster aufgebrochen und ganz neue Perspektiven auf die Praktiken des Erinnerns ermöglicht hat. Sein Konzept des »Mehrwegsgedächtnisses« (multi-directional memory) hat die Logik des Sowohl/Als-auch ins Spiel gebracht und gezeigt, dass Erinnerungen nicht nur in Form der Polarisierung, Aufrechnung und gegenseitiger Leugnung, sondern gerade auch in einer Beziehung der gegenseitigen Anregung und Bestätigung existieren. Die Erinnerung der Menschen bahnt sich unterschiedliche Wege, entdeckt Zusammenhänge und bildet unerwartete Allianzen, die sich von den Mustern und Vorgaben der Ideologen entfernen und auf diese Weise neue Wege und Zugänge zur Geschichte öffnen. Erinnerungen lassen sich eben nicht so einfach von politischen Vorgaben lenken; sie machen auch Sprünge, stellen existenzielle Beziehungen her und bauen Brücken der Empathie. Solche dialogischen Verbindungen erhalten das Erinnern auf beiden Seiten lebendig, indem sie es erweitern und erneuern.

Ich habe die Frage nach den Grundmotiven gestellt, die die unterschiedlichen Stimmen in der Debatte um Mbembe durchziehen, und bin dabei auf den Gegensatz zwischen Polarisieren und Solidarisieren gestoßen. Es darf hier nicht heruntergespielt werden, dass eine antisemitische Bedrohung für Juden und Jüdinnen in Deutschland inzwischen nicht nur von Rechtsradikalen und Neonazis, sondern auch von anti-israelisch geprägten muslimischen Einwanderern ausgeht. Irit Dekel und Esra Özyürek gehen auf diese »öffentliche Sorge um die Sicherheit der jüdischen Bevölkerung vor muslimischen Angreifern« ein und stellen fest,

> [dass] die Zahl der antisemitischen Übergriffe auf jüdische Orte und Personen in Berlin erst im Jahr 2019 signifikant gestiegen (ist) und die weit überwiegende Mehrheit der Täter den Zählungen des »Unabhängigen Expertenkreises Antisemitismus« zufolge nicht muslimisch, sondern rechts und rechtsradikal [war].[10]

Sie weisen auch auf viele Kooperationsprojekte zwischen deutsch-jüdischen und deutsch-muslimischen Gemeinden hin wie Dialogforen, Bildungsprojekte und Gesprächskreise. Entscheidend ist aber dabei die Einsicht, dass die muslimische Minderheit dem deutschen Rassismus und Fremdenhass nicht weniger ausgeliefert ist als Juden und Jüdinnen. Die Attentate in Halle und Hanau sowie die NSU-Morde stehen in einer Kontinuität rechtsextremistischer Taten gegen jüdisch markierte Ziele und solche, die mit der migrantischen Community zu tun haben. So oder so soll die pluralistisch und demokratisch verfasste Zivilgesellschaft getroffen werden. Angesichts dieser langen und erst allmählich in ihrem eigentlichen Ausmaß wahrgenommenen Kontinuität rechtsradikalen Terrors in diesem Land ist es wichtig anzuerkennen, dass sich längst neue Bande der Solidarisierung zwischen beiden Opfergruppen gebildet haben.

---

10 Irit Dekel & Esra Özyürek: Antisemitismus. Perfides Ablenkungsmanöver. *Die ZEIT online* vom 10. Juli 2020.

Diese Bande werden von der neuen Antisemitismusdefinition und der Anti-BDS-Kampagne aber gerade zerschnitten, weil sie scharf zwischen Rassismus und Antisemitismus unterscheidet. Damit bringen diese politischen Instrumente, die dem Schutz der jüdischen Bevölkerung dienen sollen, eine Spannung und Polarisierung in die deutsche Einwanderungsgesellschaft, die der Möglichkeit eines gemeinsamen und gleichberechtigten Lebens in einer pluralistischen und demokratischen Gesellschaft im Wege steht. Solidarisieren oder Polarisieren, Verbinden oder Trennen, Erweitern oder Verengen? Unser aller Zukunft liegt im Abbau von Gewalt und Grenzen – und nicht in ihrer Verschärfung. Das gilt für Israel und die Welt. Achille Mbembe und seine Schriften könnten uns dabei helfen, den Blick auf den Holocaust und die deutsche Identität zu erweitern. Dafür brauchen wir aber einen Antisemitismusbegriff, der nicht trennt und ausgrenzt, sondern zusammenführt und stärkt im entschlossenen Kampf gegen Judenhass, Rassismus, Fremdenfeindlichkeit und Islamophobie.

Marc Fachinger

Reflexionen
zum Studientag Erinnerungskultur

Es gibt gute und es gibt schlechte Erinnerungen. Dürfen nur die guten Erinnerungen bewahrt werden und die schlechten gelassen werden? Welche Kriterien gibt es dafür, Vergangenes vergangen sein zu lassen oder Vergangenes lebendig zu halten?

Ja, der Mensch lebt auch aus der Erinnerung – von vergangenen Erfahrungen, dass z. B. Dinge gut ausgehen können, dass es Sinn gibt im Leben, dass Menschen einander mit Liebe begegnen. Aber es gibt auch traumatische Erinnerungen, die alte Wunden immer wieder aufreißen.

Die Psychoanalytikerin Verena Kast hat in einem Beitrag in der *Süddeutschen Zeitung* vom Oktober 2020 u. a. davon gesprochen, dass nicht alles geheilt und vergeben werden kann und in allem Versöhnung möglich ist.

Auch in diesen, von mir hier nur angedeuteten Wegmarken bewegt sich das, was wir »Erinnerungskultur« nennen. Und der Begriff der Versöhnung führt direkt hinein in dieses Geschehen und zeigt einen Zielpunkt auf innerhalb von Erinnerungskultur. Die Erfahrung von Versöhnung, die Möglichkeit der Vergebung ist etwas, das mich in meinen Arbeitszusammenhängen im Bereich Erinnerungskultur mehr und mehr bewegt.

Der Bereich der Zeitzeugenarbeit – von Aleida Assmann anfangs ihres Vortrags gleich erwähnt im Zusammenhang mit »Das Zeitzeugengespräch als Quelle und Zugang zur Vergangenheit« – ist ein Bereich, in dem ich seit 17 Jahren arbeite, und zwar an drei verschiedenen Arbeitsplätzen. Und ich sehe die Bedeutung aus dem von

Aleida Assmann erwähnten Wort von Paul Celan »Niemand zeugt für den Zeugen« bezüglich des »secondary witness«.

Auch von Zweitzeugen – eine genauere Betrachtung dazu schließe ich später noch an – ist die Versöhnungsbereitschaft, die Möglichkeit, Vergangenes auch »sein zu lassen« (ob es »gut sein gelassen« werden kann, ist eine andere Aufgabe) weiterzugeben. Das, was viele Zeitzeug*innen als Opfer der NS-Diktatur in ihren vielfältigen Ausprägungen ausstrahlen und wofür sie oft Jahrzehnte brauchten ist: Ich kann nicht vergessen, aber ich vergebe und eröffne damit einen Prozess der Versöhnung.

Ich erinnere mich sehr lebendig an die erste Zeitzeugin, die ich 2003 kennenlernte. Krystyna Kozak wird am 31. Dezember 92 Jahre alt, wenn es ihr derzeit instabiler Gesundheitszustand zulässt. Sie hat vor vielen Berufsschüler*innen an meiner damaligen Arbeitsstelle, der Hochtaunusschule Oberursel, von den Anfängen der deutsch-polnischen Aussöhnung erzählt. Als die katholischen, polnischen Bischöfe 1965 dazu aufriefen – angefangen von Kardinal Stefan Wyszynski –, den Deutschen zu vergeben, da dachte Krystyna Kozak: Nie kann ich das vergeben, was Deutsche mir im Arbeitslager Potulice 1944–45 angetan haben. Doch dann, so sagte sie, erinnerte sie sich an ihr tägliches Gebet, das Vaterunser – »wie auch wir vergeben unseren Schuldigen«. Und dann brach ihre Stimme leicht, wenn sie das erzählte: »… und ich habe vergeben.« Um zugleich den Jugendlichen zu sagen: Seht zu, dass niemals mehr ein solcher Hass aufkommen kann einem Anderen und einem anderen Volk gegenüber!

Auch der letzte »große Zeitzeuge«, den ich 2018 kennenlernte, Fryderyk Jakimiszyn, der am 7. Juni 2020 im Alter von 93 Jahren starb und drei Konzentrationslager überlebte, brachte eine Versöhnungsbereitschaft mit. Ebenso wie die drei weiteren polnischen Zeitzeug*innen, die 2018 beim ersten großen Zeitzeugenprojekt im Bistum Limburg mit ihm dabei waren.

Der Rückblick auf die Erfahrungen im Rahmen von Begegnungen mit Zeitzeug*innen zeigt mir, dass Schüler*innen i. d. R. sehr sensibel und aufmerksam dabei sind. Da ist eine Generation, der sehr bewusst ist, dass sie die letzte ist, die noch fragen kann – unmittelbar die Menschen, mit ihren in der Zeit der NS-Diktatur gemachten Erfahrungen –, bevor diese Zeit »Geschichte« wird. So wie Aleida Assmann aus dem Roman Esther zitierte: »Geschichte ist, wenn plötzlich niemand mehr da ist, den man fragen kann – nur noch Quellen.«

Gerade das haben Schüler*innen im Rückblick auf das erste große Zeitzeugenprojekt im Bistum Limburg gesagt: Es sei etwas ganz anderes, wenn man im Geschichtsunterricht Quellen studiere und lese und dann einem Zeitzeugen begegne, der diese betreffende Zeit am eigenen Leib erfahren und erlitten hat.

Zeitzeugenprojekte, darum ging es am Nachmittag der Tagung im Austausch der Kleingruppen im Plenum, müssen, solange es möglich ist, durchgeführt werden. Noch leben in Polen Tausende, die in Konzentrations- und Arbeitslagern (wobei die Unterscheidung zu den Vernichtungslagern marginal ist) waren. Nicht alle wollen erzählen, nicht alle können erzählen. Krystyna Kozak hat immer auch davon gesprochen, dass ihre Bekannten und Verwandten sie vor dem ersten Besuch in Deutschland gewarnt hätten: »Du willst nach Deutschland und deine Erinnerungen erzählen? Sie werden dich auslachen.«

Gleichzeitig ist klar, dass mit dem Gedenken an 75 Jahre Befreiung von Auschwitz in diesem Jahr und der großen und bewegenden Gedenkveranstaltung in Auschwitz-Birkenau zum letzten Mal zu einem halbrunden Jubiläum Zeitzeug*innen kommen konnten. Und die Frage ist schon länger virulent, wie Zeitzeugenarbeit in Zukunft aussehen kann. Eine Möglichkeit ist die der Zweitzeugen. Hierzu gibt es mittlerweile schon einen eingetragenen Verein. Junge Menschen tragen die Lebensgeschichte eines Überlebenden der

Shoah oder der NS-Diktatur mit all den Fragen weiter, erzählen sie in ihren Eindrücken, mit Bildern, mit Zeugnissen und Dokumenten. Zweitzeugen sind allerdings auch jene Menschen, die in den letzten Wochen und Monaten 1944 und 1945 in Konzentrationslagern geboren wurden. 2018 durfte ich zwei Menschen kennenlernen, die in Birkenau im eiskalten Januar 1945, wenige Wochen vor der Befreiung, geboren wurden – kaum zwei Kilogramm schwer konnten sie nur überleben, weil andere Frauen mit gestillt haben und ihr Leben riskierten, um Milch zu organisieren. Zofia Wareluk und Bogdan Chrzeszianski haben ihre Überlebensgeschichte oft nicht von der eigenen Mutter erfahren (die Väter waren ermordet worden), sondern von Verwandten nach und nach – manchmal erst 30 Jahre später.

Die »secondary witness« ist in einer Welt, in der Wahrheiten digital ganz leicht verfälscht werden können, in der scheinbar wahre Filmaufnahmen völlig erfunden sind, enorm wichtig, weil es um die Glaubwürdigkeit der Zeug*innen geht: »... und sein Zeugnis ist wahr. Und er weiß, dass er Wahres sagt.« (Joh. 19,35)

Wie in diesem Zusammenhang mit dem Schatz von annähernd 70.000 Videozeugnissen von Überlebenden der Shoah und der NS-Diktatur umgegangen werden kann, ist eine große Frage. Wie können diese Zeugnisse didaktisch aufbereitet werden? Wie können sie verschlagwortet und recherchierbar gemacht werden? Hier liegt m.E. noch eine große, zu erledigende Aufgabe vor uns, denn ohne eine entsprechende Aufarbeitung und Einbettung können diese Zeugnisse auch einfach vergessen werden.

Was mich abschließend an der Tagung beeindruckte, war, dass wissenschaftliche Erkenntnisse zur Erinnerungskultur sich decken mit der Praxis in Schulen und im Bildungsbereich. Das ist nicht nur spürbar in der Entwicklung bei jungen Deutschen, die Aleida Assmann ansprach: von »Opa war kein Nazi« hin zu »Opa war Nazi«. Schüler*innen müssen selbst aktiv werden können innerhalb von Initiativen der Erinnerungskultur. Neben der Möglichkeit, Zweitzeug*in zu werden, kann das in der kreativen Gestaltung von Gedenkorten sein. Gedenkorte, wie z. B. das in der Tagung angesprochene »Blaue Haus« in Breisach, sind wichtige, stabilisierende Faktoren einer angemessenen Erinnerungskultur.

Abschließen möchte ich mit einem Zitat von H. G. Adler, der 1941–45 in Theresienstadt war und seinen Vornamen Hans Günther aufgrund der Namensgleichheit mit dem in Prag wütenden SS- Sturmbannführers kürzte:

Nichts aus der Geschichte lernen steht als traurige Erkenntnis dafür da, daß wir nicht genügend lernen, aber alles, was die Menschheit je gelernt hat, verdankt sie ausschließlich der Geschichte. (...) Der Mensch ist alles in seiner Geschichte.

Hermann Vornoff

Didaktisch ausgewählte Themen, Begriffe und Konzepte von Aleida Assmann zur Theorie der Erinnerungskultur

Lesen bereichert den Menschen,
mündlicher Gedankenaustausch macht ihn gewandt.
Niederschriften verhelfen zu genauerem Wissen.
Francis Bacon (1561–1626), englischer Philosoph und Staatsmann

Die Bildung kommt nicht vom Lesen,
sondern vom Nachdenken über das Gelesene.
Carl Hilty (1833–1909), Schweizer Staatsrechtler und Politiker

Einleitung

Mein reflektiertes, textgenaues Durcharbeiten des Buches *Das neue Unbehagen an der Erinnerungskultur. Eine Intervention* der Literatur- und Kulturwissenschaftlerin Aleida Assmann – aktualisiert in der 3. Auflage 2020 – beginne ich mit den **fünf Prämissen** aus dem Schlusskapitel. Ich interpretiere diese Voraussetzungen als **Konzepte** einer anthropologisch und kulturwissenschaftlich entworfenen Erinnerungstheorie. Die **Schlüsseltextstellen** und **Schlüsselbegriffe** markiere ich **fett**. Die darin aufgezeigten **Themen** finden sich in den drei Hauptteilen des Buches mit seinen acht Kapiteln und 42 Unterkapiteln. Mein didaktisch-methodisches Rezeptionsziel ist, dass inhaltlich tiefer und breiter gelesen werden kann und so auch **Slow Reading** ermöglicht wird.

Meine **didaktische** Auswahl der **Zitate** erfolgt aufgrund meines bildungspraktischen und bildungswissenschaftlichen Hintergrundes bzw. meiner Lehrerfahrungen und meines interdisziplinären Wissensstandes zur **Theorie der Erinnerungskultur**. Die ausgesuchten **Inhaltsbereiche** meines Tagungsband-Beitrags basieren auf **neun** rezipierten Büchern von Aleida Assmann (erschienen 1991–2020) und einem Aufsatz von 2019 sowie einem Zeitungsbeitrag von 2021.[1]

Der erste bis dritte Abschnitt zeigen viele Bedeutungsebenen des **Gedächtnisbegriffs**, beispielsweise das **filmische** Gedächtnis. Das **kulturelle** Gedächtnis präsentiert sich in einem genial konstruierten Schaubild; ein kleineres Schaubild zeigt das damit verbundene **Funktions-** und **Speichergedächtnis**. Das Spektrum der Grundformen **Erzählen**, **Ausstellen** und **Inszenieren** wird in einem weiteren Schaubild konkretisiert. Alle drei Schaubilder sind sehr lehrwirksam und lernwirksam.

Im vierten Abschnitt wird der ZDF-Film »Unsere Mütter, unsere Väter« von 2013 skizziert. Das »pädagogische Ziel« ist, im **Familiengedächtnis** das **Schweigen** über die Zeit des **Nationalsozialismus** »aufzubrechen«. Die unterschiedlichen **Generationen** sollen fernseh-filmisch erfahren, »was sich im **NS** wirklich abgespielt hat«.

Der Abschnitt fünf vermittelt die Kategorie **Identität** mit sechs Verstehensfragen an die Leser*innen. Mit ihnen werden die aktuellen, kontroversen Diskurse veranschaulicht. Auch der konzeptuelle Bezug der individuellen **und** der kollektiven Identität zum Begriff der **Anerkennung** wird aufgezeigt; sie ist ein »soziologischer Schlüssel« für eine **humane Gesellschaft**.

Der sechste Abschnitt setzt sich zuerst mit dem Wort **Narrativ** [Erzähltheorie] auseinander. Seine theoretische Weiterentwicklung wird präzise ausbuchstabiert. Es wird empfohlen, diesen

---

1 Alle Zitate und Schaubilder aus den Werken von Aleida Assmann sowie die Erlaubnis für die Hervorhebungen mit freundlicher Genehmigung der Autorin.

Begriff besonders in der historischen, politischen und kulturellen **(Weiter-)Bildung** als tiefergehenden **Erklärungsansatz** zu nutzen. Er ist also auch ein Hinweis, beispielsweise den traditionellen – nicht nur schulischen –, meist dogmatischen **Geschichtsunterricht** zu »demokratisieren«.

Der siebte Abschnitt behandelt das Thema des **latenten Schweigens** ausführlich und aspektreich. Der konservative Historiker Hermann Lübbe vertritt die These, dass dieses Phänomen sowohl die **gesellschaftliche Integration** als auch den **wirtschaftlichen Aufschwung** bewirkt hat. Auch das Bekenntnis zum **Rechtsstaat** differenziert sich für ihn dadurch weiter aus.

Aleida Assmann schreibt dazu: »Ich möchte Lübbes Thesen hier als Ausgangspunkt für einen Überblick über die **deutsche Erinnerungsgeschichte** nehmen und dabei im Dialog mit ihnen einige Widersprüche und Probleme ansprechen. Sie handeln vom **Konsens des Schweigens**, mit dem nach 1945 die persönliche Vergangenheit **der** damals millionenfach affirmativ **ins Dritte Reich integrierten Deutschen** aus der Kommunikation ausgeschlossen wurde.« (Assmann 2020 a, 44; Hervorh. H. V.)

Der achte, recht umfangreiche Abschnitt veranschaulicht die **»sieben Generationen des 20. Jahrhunderts«**. Die übliche Aufteilung eines Jahrhunderts in **vier** Generationen wird auf eine kreative didaktische Weise historisch erweitert. – Ein folgendes Lese-Highlight ist der Hinweis auf den Aufsatz der Autorin *Das Zeitzeugengespräch als Quelle und Zugang zur Vergangenheit* (2019), in dem die **68er** und die **45er Generation** analysiert und bewertet werden. »Der Protest und die Revolution, das war das Projekt der 68er, während sich die 20 Jahre älteren 45er für die Demokratisierung der BRD als ihr Generationen-Projekt einsetzten. Ihr Projekt war das der Liberalen, genauer: der ›Scheiß-Liberalen‹, wie sie von den 68ern genannt wurden.« (Assmann 2019, 42)

Der neunte Abschnitt zum »pragmatischen **Schlussstrich** und moralischen **Trennungsstrich**« vermittelt ein bis heute **gesellschaftlich hoch-kontroverses Thema**. Den politischen Hintergrund bilden die in fast allen EU-Ländern sich verstärkenden populistischen bis rechtsradikalen Tendenzen. – »Die konträren Formen des Umgangs mit der Vergangenheit prallten zwischen den Generationen aufeinander.« (Assmann 2020a, 50)

Der zehnte Abschnitt beschreibt anhand eines kleineren Schaubildes **das Crescendo der Holocaust-Erinnerung** in drei, jeweils 20 Jahre dauernden Zeitphasen. Danach entwickeln sich die **Menschenrechte** zur **normativen Grundlage** des Holocaust. – Dabei werden **Vergangenheitsbewältigung** und **Vergangenheitsbewahrung** strikt unterschieden.

Der elfte und zwölfte Abschnitt umfassen »Das Erinnern in der Migrationsgesellschaft« und »Die vergessene deutsche Migrationsgeschichte«. Es geht zum einen um das Verwandeln der Bundesrepublik in eine **Einwanderungsgesellschaft** und zum anderen um das **Anerkennen von historischer Schuld**. Durch Flucht **und** Vertreibung **starben** zwischen **1,5** und **zwei Millionen Deutsche**. Das Klima in den Aufnahmeorten war oft gegenüber den überlebenden **Flüchtlingen** teilnahmslos bis gefühlskalt.

Der 13. Abschnitt analysiert den »Schock des 4. November 2011«, als die **elfjährige NSU-Mordserie** aufgedeckt wird. Zum ersten Mal spricht ein Bundes-Innenminister öffentlich von **rechts-extremistischem Terrorismus**. Dieser NSU-Skandal wird auch als **Nicht-Bestehen** des Stresstests der **demokratischen Institutionen** gedeutet.

Im 14. Abschnitt werden »vier Modelle für den Umgang mit **traumatischer Vergangenheit**« in vier Unterabschnitten dargestellt. Die Zielfrage ist: **Erinnern** oder **Vergessen?**

Im Abschnitt 14.1 ist das **Vergessen** für den Althistoriker Christian Meier (2010) eine kulturelle Errungenschaft gegenüber dem

Erinnern. Mit dem Ende des Dreißigjährigen Kriegs 1648, dem Ende des Ersten Weltkriegs 1919 und dem Ende des Zweiten Weltkriegs 1945 thematisiert er den Umgang mit der schlimmen **Vergangenheit.** Ein Schaubild zeigt sieben Vergessensformen und ihre unterschiedlichen Bewertungen.

Der Abschnitt 14.2 »Erinnern, um niemals zu vergessen« präsentiert Hannah Arendt und ihr **1951** erschienenen **Totalitarismus-Buch.** Dieses legt den Grundstein zu einer **neuen ethischen Erinnerungskultur.** Ihr Kern ist das **Holocaust-Verbrechen.** Außerdem entwickelte Arendt Gedanken gegen das **Vergessen** bezogen auf Winston Churchills »Vergessens-Rede« von **1946** in Zürich.

Der Abschnitt 14.3 thematisiert die sogenannten **Post-Diktatur-Gesellschaften,** die sich wechselseitig offen erinnern an ihre historischen **Massenverbrechen.** Es entsteht ein Versöhnungsprozess mit einer **Empathie** für die Opfer. Daraus folgt ein wirkungsvoller gesellschaftlicher und politischer Wandel. Ein Neubeginn mit gemeinsamer Zukunft wird möglich.

Der Abschnitt 14.4 behandelt die **Erinnerungspolitik** zwischen zwei oder mehreren Staaten. Sie sind durch eine **Gewaltgeschichte** miteinander verbunden und probieren das Modell »Dialogisches Erinnern« zu realisieren. Hier kann sich zwischen den **Generationen** gegenseitiges Erzählen und historisches Lernen entwickeln, um empathischer sowie Wissens-neugieriger zu werden.

Der 15. und 16. Abschnitt beinhalten das **Überwinden** und **Wiedererfinden der Nation** als Gegen-Modell. Dies ermöglicht – so die These – der **Staaten-Verbund der EU.** Er schützt die **demokratischen, Nation-orientierten** Bürgerinnen gegenüber den **autoritären, undemokratischen Regierungsvertretern,** die medial das **nationalistische Staatsbild monopolisieren.** In einem lese-didaktisch ausdifferenzierten Schaubild werden die drei Phasen der EU – **Polarisierung, Pluralisierung** und **Spaltung** – dargestellt.

Prämissen der neuen Erinnerungskultur

»Die **neue Wertschätzung** der Erinnerung hat unser Verhältnis zur **Vergangenheit** grundsätzlich verändert. Die kulturellen Wirkungen, die mit dieser neuen Einstellung verbunden sind, lassen sich in fünf Prämissen zusammenfassen.

1. Erinnern, sei es als Individuum oder als Gruppe, ist eine **anthropologische Universalie**. [...] Die **Wende zur Erinnerungs-Kultur** wird von einer merklichen **Zunahme** des gesellschaftlichen Interesses an individuellen und inoffiziellen Erinnerungen wie Einzelschicksalen, Familien-Gedächtnissen, Zeitzeugen, [...] Tagebüchern, Briefen und Fotos sowie Fragen transgenerationeller Weitergabe begleitet.

2. **Erinnern ist Vergegenwärtigung von Vergangenheit.** [...] Die erinnerte Vergangenheit [...] greift [...] unmittelbar in die Gegenwart ein, um **Identitäten** zu konstruieren, **Einstellungen** herbeizuführen, **Motivationen** zu stimulieren, **Handlungen** zu ermöglichen, **Entscheidungen** zu beeinflussen.

3. **Erinnern bedarf der Darstellung. [...] Erinnerungskulturen** haben deshalb sehr viel mit Medien, Gattungen und **Darstellungsformaten** zu tun. [...] Da insbesondere die **Künstler** eine reiche Erfahrung darin haben, sich **reflexiv** mit den Möglichkeiten und Grenzen der Rahmenbedingungen **auseinanderzusetzen**, spielen sie heute [...] eine besonders wichtige Rolle.

4. **Das Neue an der Erinnerungskultur ist ihr ethischer Rahmen. [...]** Neu [...] ist eine ethische **Prämisse, die das Erinnern an den universalistischen Wert der Menschen-Rechte** bindet und damit der **Verschränkung** von Vergangenheit **und Gegenwart** eine ganz **neue Qualität** gibt. [...] Erinnerung [...] kann [...] mithelfen, im Rahmen **dialogischer, verknüpfter und trans-nationaler Gedächtnisse** die **Würde** entrechteter

Gruppen wiederherzustellen und **soziales Vertrauen** zu stärken.

5. **Der Erinnerungsdiskurs als Chance kritischer Selbstreflexion.** Seit den **1990er Jahren** ist […] ein beträchtlicher internationaler und interdisziplinärer **Forschungszweig** herangewachsen, der […] die staatlichen **und** die gesellschaftlichen **Erinnerungsaktivitäten** beobachtet und kritisch begleitet. […] Das **kritische Potential der Erinnerungsforschung [...]** besteht darin, sowohl die **destruktiven Aspekte** als auch die **heilenden Möglichkeiten** von **Erinnerungskonstruktionen** zu untersuchen.« (Assmann 2020a, 233–238; einige Hervorh. H. V.)

1. Individuelles und kollektives Gedächtnis

Kurz gefasst: »Das menschliche Gedächtnis ist ein unerschöpfliches Thema, das von keiner Einzeldisziplin aus angemessen bearbeitet werden kann. Im Laufe des letzten Jahrzehnts hat sich der Gedächtnisdiskurs als ein transdisziplinär anschließbares Paradigma der Kulturwissenschaften entwickelt. Neben Neurowissenschaftlern, Psychologen und Historikern haben auch die Literatur- und Kulturwissenschaftler dazu einen wichtigen Beitrag zu leisten.« (Assmann 2017, 4. Aufl., 204)

»Es führt kein direkter Weg von **individuellen Erfahrungen** und **Erinnerungen** zu einem **kollektiven Gedächtnis.** […] Dabei geht es immer um die **doppelte Frage:** Was wollen wir **erinnern,** was können wir **vergessen?** – Diese Frage muss von Mal zu Mal unterschiedlich beantwortet werden – genau darin liegt die **Dynamik des Erinnerns als eines unabschließbaren Prozesses.** […]

Ein kollektives Gedächtnis ermöglicht es den Mitgliedern einer Gesellschaft […] Bezugspunkte der **Vergangenheit** festzuhalten und gemeinsame **Orientierungsformen** aufzubauen. […] Das Datum im Kalender […] bietet lediglich einen **Erinnerungsanlass,** den

jeder und jede nach eigenen Interessen und Motivationen wahrnehmen kann.« (Assmann 2020a, 19; Hervorh. H. V.)

»Der Weg vom **individuellen** zum **kollektiven Gedächtnis** […]
führt über **unterschiedliche Stufen**. […] Diese Stufen nehmen die
Konturen **unterschiedlicher Wir-Gruppen** an, denen wir uns als
Individuen zurechnen und die einen Einfluss auf unser Gedächtnis
und unsere Identität haben. Wir haben vier solcher **Träger** einer
jeweils spezifischen **Gedächtnis-Formation** kennengelernt: **Individuen, soziale Gruppen, politische Kollektive und Kulturen.** Auf
diesen vier Ebenen entstehen **Identitäten** mit einer jeweils anderen
Bedeutung, Verbindlichkeit und Reichweite, die sich gegenseitig
keineswegs ausschließen, unter Umständen aber miteinander in **er-
hebliche Spannung treten können.** […]

In der Antwort auf **kritische und skeptische Positionen, die
den Begriff des ›kollektiven Gedächtnisses‹ als eine unzulässige
Metapher ablehnen**, wurde argumentiert, dass es grundsätzlich
das Vorhandensein von zwei Dingen ist, das die Rede von einem
›**Gedächtnis**‹ rechtfertigt: **die Anbindung an Identitäten**
(mit den damit verbundenen Emotionen und Affekten) und die
Dialektik von Erinnern und Vergessen, die auf allen Ebenen zu
einer labilen, veränderlichen und spannungsreichen **Dynamik** führt.
Die Kritik am Begriff ›kollektives Gedächtnis‹, die ich selber artikuliert habe, bezieht sich […] allein auf seine Vagheit, weshalb hier
vorgeschlagen wurde ihn durch die Begriffe des ›sozialen‹ und des
›politischen‹ bzw. ›nationalen‹ **Gedächtnisses** zu ersetzen.« (Assmann 2018b, 3. Aufl., 59–60; einige Hervorh. H. V.)

Grundlage:	biologisch vermittelt		symbolisch vermittelt	
Verarbeitung:	neuronal	kommunikativ	kollektiv	individuell
Gedächtnis-formation:	individuelles Gedächtnis	soziales Ge-dächtnis	politisches Gedächtnis	kulturelles Gedächtnis

2. Geschichte, Gedächtnis und historische Präsentation

»Sobald man die platte Dichotomie von Geschichte und Gedächtnis aufgibt, werden die vielfältigen Bezüge [...] mit der **Vergangenheit** sowie ihre gegenseitige Ergänzung sichtbar. Denn wir brauchen das **Gedächtnis**, um der Masse des **historischen Wissens** Leben einzuhauchen [...] und wir brauchen die **Geschichte**, um die **Konstruktionen** des Gedächtnisses kritisch zu überprüfen.« (Assmann 2020a, 23–24; Hervorh. H. V.)

Es gibt drei Grundformen historischer Präsentation: »Eine **Erzählung** ist nicht nur eine Anordnung von Ereignissen in zeitlicher Reihenfolge, sie bietet auch kausale Verknüpfungen an, die entweder auf menschliche **Intentionen** oder sachliche **Wirkungszusammenhänge** gestützt sind. [...]

Mit **Ausstellen** ist hier die Anordnung von historischen Texten, Bildern und Gegenständen im Raum gemeint. Zu dem Ordnungsprinzip der **zeitlichen Reihung** tritt das der **Platzierung im Raum** hinzu. [...]

Als eine dritte Form der Darstellung möchte ich neben Erzählung und Ausstellung die **Inszenierung** unterscheiden. [...] Ich benutze den Begriff der Inszenierung hier jedoch nicht wertend sondern **beschreibend**. [...]

Es ist heuristisch sinnvoll, die Frage der **Spezifik** des jeweiligen Präsentations-Modus zu stellen und in einem Überblick darzustellen.« (Assmann 2014, 2. Aufl., 150–153; Hervorh. H. V.)

Grundformen/ Ordnungsstrukturen	Medium	Format
Erzählen zeitliches und kausales Nacheinander argumentativ erklärend oder imaginativ wiederbelebend fiktional identifikatorisch	Text Printmedien	historischer Roman wissenschaftliche Publikation
Ausstellen nebeneinander materielle Arrangements im Raum	Texte Bilder Dinge digitale Medien	Museum Installation
Inszenieren *medial* In-Szene-Setzen von bewegten Bildern, die Handlungen transportieren	Film Fernsehen Video DVD	Dokumentarfilm Historienfilm analytisch dokumentarisch oder fiktional
lokal Zeigen und Agieren an einem historischen Ort imaginatives Nacherleben und performatives Nachstellen von Geschichte	historischer Ort Reste und Relikte bewegte Personen	Gedenkstätten historische Bühne »hertiage tourism« »living history« Event, Spektakel Geschichts-Festival

3. Kulturelles Gedächtnis

»Es gibt, soweit wir wissen, keine Kultur, die nicht mit ihren je eigenen Mitteln **Strategien und Praktiken** eines kulturellen Gedächtnisses entwickelt hätte. […]

Es geht bei den **Auswahlentscheidungen des kulturellen Gedächtnisses** um **kulturelle Nachhaltigkeit**. Sie werden meist stellvertretend von einer **Minderheit** getragen, aber in **Demokratien** auch von **öffentlichen Diskursen** begleitet. Der abstrakte Begriff des ›**kulturellen Gedächtnis**‹ bezieht sich also auf ein breites Spektrum kultureller Praktiken. […] Das kulturelle Gedächtnis ist nämlich nicht nur ein ›**Speicher-Gedächtnis**‹, sondern umfasst gerade auch die Reaktivierung dieser **Vergangenheit** und die Möglichkeit ihrer allgemeinen Aneignung als aktives ›**Funktionsgedächtnis**‹. Das bedeutet, dass Strukturen der **Partizipation** eine wichtige Rolle spielen, die Prozesse **individueller oder kollektiver Wieder-Aneignung** ermöglichen.« (Assmann 2020a, 25–26; die meisten Hervorh. H. V.)

kulturelles Gedächtnis	
Funktionsgedächtnis	Speichergedächtnis
Sicherungsformen der Wiederholung (Symbolische Praktiken)	Sicherungsformen der Dauer (Materielle Repräsentationen)
Tradition Riten Kanonisierung von Artefakten	Bücher, Bilder, Filme Bibliotheken Museen Archive

»Die folgende Übersicht versucht, die **Dynamik von Erinnern und Vergessen** im kulturellen Gedächtnis in ihren unterschiedlichen Institutionen und Phasen zu veranschaulichen. […] Dabei zeigen sich drei wichtige Abstufungen und Zusammenhänge. *Erstens* erscheinen Erinnern als auch Vergessen jeweils in einer **aktiven und passiven Variante**. […] *Zweitens* deutet der Überblick die Arbeitsweise und das Zusammenspiel in der Arbeit der **Institutionen** an. […] *Drittens:* Die Übersicht unterstreicht die **Beweglichkeit kultureller Objekte** im Spannungsfeld zwischen Erinnern und Vergessen. […] Diese Übersicht sollte man jedoch nicht missverstehen, denn auch sie steht unter dem Motto: ›Der größte Teil geht verloren‹ (und das ist auch gut so).« (Assmann 2020b, 19–20 ; einige Hervorh. H. V.)

Die Dynamik des kulturellen Gedächtnisses

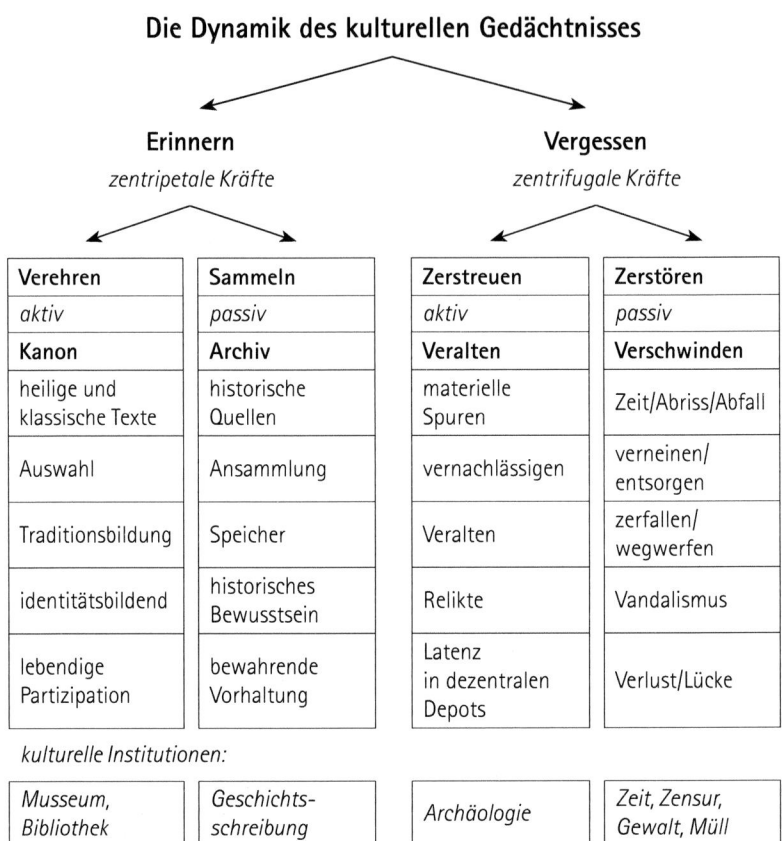

Erinnern		Vergessen	
zentripetale Kräfte		*zentrifugale Kräfte*	
Verehren	Sammeln	Zerstreuen	Zerstören
aktiv	*passiv*	*aktiv*	*passiv*
Kanon	Archiv	Veralten	Verschwinden
heilige und klassische Texte	historische Quellen	materielle Spuren	Zeit/Abriss/Abfall
Auswahl	Ansammlung	vernachlässigen	verneinen/ entsorgen
Traditionsbildung	Speicher	Veralten	zerfallen/ wegwerfen
identitätsbildend	historisches Bewusstsein	Relikte	Vandalismus
lebendige Partizipation	bewahrende Vorhaltung	Latenz in dezentralen Depots	Verlust/Lücke

kulturelle Institutionen:

Musseum, Bibliothek	*Geschichts- schreibung*	*Archäologie*	*Zeit, Zensur, Gewalt, Müll*

4. Der ZDF-Film »Unsere Mütter, unsere Väter« von 2013 – Das deutsche Familien-Gedächtnis

»Dieser Film zeigt im letztmöglichen Moment den verbleibenden Mitgliedern der **Erfahrungsgeneration**, was diese erlebt haben. Es ist ein Film der **zweiten Generation** über Erlebnisse der **ersten Generation**, der sich an die **dritte Generation** richtet. […] Der Film sollte aber nicht nur zeigen, schockieren, unterhalten und belehren, sondern vor allem etwas bewirken – er sollte das **Schweigen in der**

Familienkommunikation brechen und eine Geschichte anbieten, die den **unterschiedlichen Generationen** zeigt, ›wie es eigentlich gewesen ist‹.« (Assmann 2020a, 38–39; Hervorh. H. V.)

»Der ZDF-Dreiteiler […] ist zugleich **Erinnerungsanstoß** und **Deckerinnerung**, die sich über das Geschehen legt, wie es **millionenfach unterschiedlich erfahren** wurde und nun in einer **kompakten Geschichte** anschaulich und öffentlich zugänglich geworden ist.« (Assmann 2020a, 42; Hervorh. H. V.)

5. Plädoyer für eine »Grammatik der Identitäten«

»**Identität** ermöglicht **Selbstreflexion** und **Orientierung**; deshalb ist sie als **Selbstbezug** und **Arbeit des Bewusstseins** und der **Imagination** als Entwurf, Angebot, Projekt oder **Rahmen** für Individuen wie für Gruppen unverzichtbar. Individuelle **und** kollektive **Identität** schließen sich dabei keineswegs aus. […]

Ob wir es wissen oder nicht, ob wir es wollen oder nicht, sind wir Teil immer größerer **Wir-Gruppen**, die, überkommen oder selbstgewählt, unser Leben bestimmen, indem sie **Besonderes** mit **Allgemeinem** und **Individuelles** mit **Gemeinsamen** verbinden.

Sicherlich müssen wir neben den Potenzialen und Chancen der **Identität** auch ihre **Probleme und Gefahren** genauer diagnostizieren. Dafür müssen wir ihre **Geschichte** besser verstehen und ihre **unheilvollen Auswirkungen** genauer untersuchen.

(1) Unter welchen Voraussetzungen und von wem wird eine **Identität** überhaupt **anerkannt** oder **aberkannt**?

(2) Wie wird das, was lediglich eine Form der **Zugehörigkeit** war, zu einer **Waffe** im **politischen Kampf** um Stimmen, Macht und andere Ressourcen?

(3) Wann kippt Identität als Mittel der Inklusion um in ein Mittel zur Ausgrenzung, Verfolgung und Vernichtung von Minderheiten?

(4) Auf welchen Emotionen und Erfahrungen ist eine Identität aufgebaut?

(5) Welche Bedürfnisse und Aufgaben erfüllt sie?

(6) Wer kann von ihr profitieren? […]

Wir brauchen ein Inventar von **kritischen Fragen** und verallgemeinerbaren **Standards**, kurz: wir brauchen eine ›**Grammatik der Identitäten**‹, um diese Probleme auf einer differenzierteren Ebene zu diskutieren.« (Assmann 2020d, 98–99; viele Hervorh. H. V.)

6. »Deutschlands Wiedergeburt«:
Was Deutsche über ihre Narrative wissen sollten

»In der Schule steht Geschichtsstoff auf dem Lehrplan; an der Universität erforschen Wissenschaftler*innen historische Ereignisse aus verschiedenen Perspektiven und mit immer wieder neuen Methoden. Was dagegen kaum zur Sprache kommt, sind die **Narrative**, die die deutsche Geschichte angetrieben haben und weiter antreiben. Sie gelten den **Historikern** als ›Mythen‹ oder Ideologien und **nicht** als ernsthafter **Forschungsgegenstand**. Narrative werden gebraucht und missbraucht; in ihnen vollzieht sich die **Sinngebung der Geschichte**. Sie enthalten das Repertoire von **Topoi, Symbolen** und **Erinnerungen**, das politisches Handeln antreibt und auf das sich Menschen in langer Kontinuität immer wieder berufen. […]

Tatsächlich gibt es **Grundfragen an die deutsche Geschichte**, die mit einem Wissen von Namen, Orten, Ereignissen und Jahreszahlen nicht angemessen beantwortet werden können. Was hat zum Beispiel die Deutschen angetrieben, sich so plötzlich und radikal in ein **Volk der Täter** zu verwandeln? – Um darüber etwas zu erfahren, braucht man auch einen Einblick in das **Fühlen** und **Denken** der jeweiligen historischen Epochen, in die ›Visionen‹, Werte und Ängste, kurz: in das **Imaginäre**, das die Geschichte angetrieben hat. Der Historiker Alon Confino schreibt 2012: ›Ein tieferes Verständnis der Geschichte braucht Intuition und historische Imagination.‹ Damit meint er, dass es sich durchaus lohnt, in die **Geschichtsforschung** auch die jeweils herrschenden historischen **Erinnerungen, Deutungen** und **Selbstbilder** mit einzubeziehen, die die **Kultur** und **Politik** früherer Epochen gestützt haben.

Diesen Impuls nehme ich auf, weil eine Durchleuchtung von **nationalen Narrativen**, besonders wenn sie über tiefe **Brüche und Einbrüche der Gewalt** führen, ein wirksames Mittel der **kollektiven Selbst-Aufklärung** sein kann. […] Der Einblick in die **Entwicklung** nationaler Narrative kann ein wichtiger **Schlüssel für die historische Bildung** der Bürger*innen sein und auch Schüler*innen helfen, übergreifende **Zusammenhänge** nachzuvollziehen und sich dabei gegen **Antisemitismus** und **Fremdenfeindlichkeit** zu **wappnen.**« (Assmann 2020d, 173–174 ; Hervorh. H. V.)

7. Die Latenz des Schweigens – Hermann Lübbes Thesen zur deutschen Nachkriegsgeschichte

»**Traumata** sprengen das menschliche **Gedächtnis** und reißen Lücken in die **Kommunikation zwischen den Generationen.** Je massiver die **Abwehr** und je größer die **Gedächtnislücken**, desto stärker wird das Bedürfnis, die Lücken nachträglich zu schließen. […]

Ich möchte Lübbes Thesen hier als Ausgangspunkt für einen Überblick über die **deutsche Erinnerungsgeschichte** nehmen und dabei im Dialog mit ihnen einige **Widersprüche und Probleme** ansprechen. […]

Lübbe hatte eine pragmatische These von der **verwandelten Kraft des Schweigens** in einem späteren Essay genauer erläutert und differenziert. Er wollte keinesfalls falsche **Identitäten decken oder Menschen rechtfertigen, die sich damit der Strafverfolgung entzogen**. [...] **Lübbe sah die positive Kraft des Schweigens, das ja mit einem klaren Bekenntnis zum Rechtsstaat verbunden war, darin, dass es die Menschen zukunftsfähig** machte. Ebenso zukunftsorientiert vollzog sich auch der **Wiederaufbau nach 1945**.« (Assmann 2020a, 44–45; Hervorh. H. V.)

»Das allgemeine Schweigen ersparte der **Kriegsgeneration**, wie es im Lübbe-Idiom heißt, ›gerechtigkeits-ambitionierte Zudringlichkeiten‹. Durch das **Latent-Halten der Vergangenheit** wurden gesellschaftliche Konflikte vermieden. Das biographische Innenleben war Privatsache. Es war nach Lübbe diese **Latenz** – hergestellt durch **Diskretion** und **Beschweigen** all dessen, was im **Erfahrungsgedächtnis** millionenfach vorhanden und somit allgemein bekannt war –, die der neuen Bundesrepublik zu einer schnellen gesellschaftlichen **Integration** und zu **wirtschaftlichem Aufschwung** verholfen hat. [...] Lübbe gehört selbst zu dieser **Gründer- und Aufbaugeneration**, der auch Anerkennung für diese gelungene historische Entwicklung gebührt.« (Assmann 2020a, 45; Hervorh. H. V.)

»So unscheinbar und schleichend sich die **mentalitätsgeschichtliche** und **moralische Transformation** der (west-) deutschen Nachkriegsgesellschaft in der **ersten Generation** vollzog, so abrupt und öffentlich fand sie in der **zweiten Generation** statt. In dieser **Kollision** zwischen den Generationen zeigten sich sowohl die **Grenzen der Pragmatik des Schweigens** als auch die **Vor- und Nachteile der moralischen Abrechnung**.« (Assmann 2020a, 46; Hervorh. H. V.)

»Was im großen Ganzen heilsam gewesen sein mochte, hat zugleich durch die **Aufkündigung des intergenerationellen Dialogs** gravierende (zwischen-) menschliche Schäden hervorgebracht. [...]

Langfristig gesehen bestand die **Tragik** dieser historischen Konstellation darin, dass in dieser intergenerationellen **Konfrontation** nicht die **Kommunikation** befördert, sondern das **Schweigen** vertieft wurde. [...] Ein Dialog war schon deshalb unmöglich, weil im **Kampf der Generationen**, der Bezug auf die **Vergangenheit** zur **politischen Waffe** geworden war.« (Assmann 2020a, 46–47; Hervorh. H. V.)

»Inzwischen entscheiden weiterhin **politische Machtkonstellationen** über das, was offiziell **erinnert** werden muss und **vergessen** werden kann. Es gibt jedoch noch einen anderen Faktor in dieser Dynamik, mit dem Lübbe noch nicht rechnete. Das ist die **Macht der Ohnmächtigen** im Rahmen einer neuen **Politik der Menschenrechte**, die in einer globalen Arena **Aufmerksamkeit, Anerkennung** und **Empathie** für das ihnen widerfahrene **Unrecht** und ihre Geschichten finden. Diese **ethische Wende** macht das Neue an der **neuen Erinnerungskultur** aus und ermöglicht es grundsätzlich, das beharrliche **Vergessen der Täter** zu unterwandern und Konkurrenzen und Kollisionen der **Gruppengedächtnisse** in dialogische Formen der gemeinsamen Teilhabe und Verantwortung zu verwandeln. Diese Erinnerungen enden längst nicht mehr an den Grenzen der Nationen, sondern verschränken sich auf einer **transnationalen und globalen Ebene**.« (Assmann 2020a, 48; Hervorh, H. V.)

8. Überblick über sieben Generationen des 20. Jahrhunderts

»Der Abstand zwischen **Familiengenerationen** ist ein einigermaßen regelmäßiger; er umfasst die Jahre, die es braucht, bis Söhne und Töchter ihre eigene Familie gründen und wiederum Kinder haben. Für diesen Rhythmus setzt man rund **25 bis 30 Jahre** an. In einem Jahrhundert hätten nach dieser Zählung **vier biologische Generationen** Platz. Die **historischen Generationen** folgen jedoch keinem regelmäßigen Abstand aufeinander; sie kristallisieren sich um einschneidende **historische Ereignisse**, die massenhafte Auswirkungen auf die **Lebensplanungen** von Individuen haben. [...] Deshalb können wir für das 20. Jahrhundert nicht weniger als **sieben**

Generationen ausmachen, von denen einige stärker, andere schwächer profiliert sind.« (Assmann 2014, 2. Aufl., 58; Hervorh. H. V.)

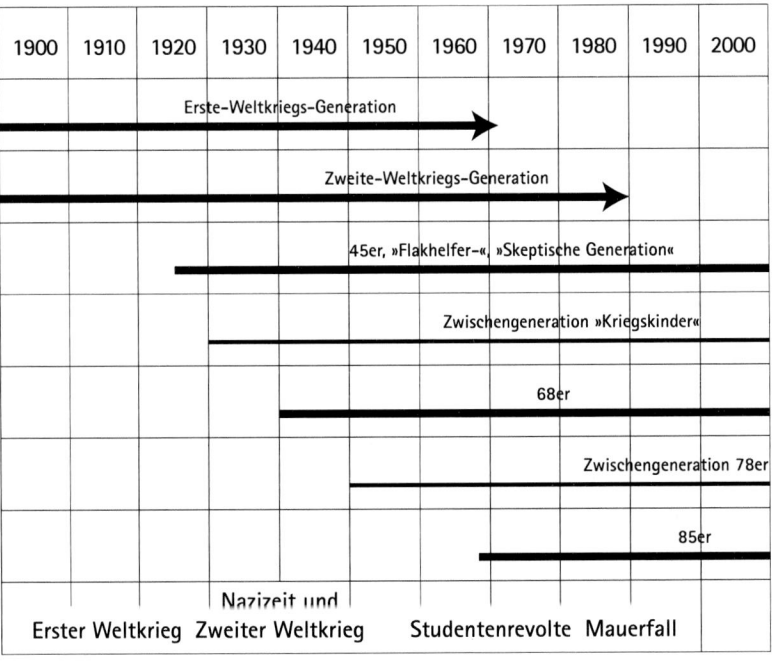

Übersicht über sieben historische Generationen des 20. Jahrhunderts

»(I) Die **14er Generation** (des Ersten Weltkriegs, Schelskys ›Generation der Jugendbewegung‹) wurde zwischen **1880 und 1895** im Kaiserreich geboren und sozialisiert. [...] Das Schlüsselereignis dieser Generation war die **Niederlage von 1918**. [...]

(II) Die **33er Generation** (des Zweiten Weltkriegs, Schelskys ›politisierte Jugend‹) ist ebenfalls im Kaiserreich geboren und wurde in der Weimarer Republik sozialisiert. Sie umfasst die Jahrgänge von ca. **1900 bis 1920**. [...] Sie sind die Eltern der **68er**.

(III) Die **45er Generation** (Schelskys ›skeptische Generation‹, auch Flakhelfer-Generation genannt) umfasst die Jahrgänge von ca. **1926–29**, die in der Weimarer Republik geboren und im Nationalsozialismus als Kinder und Jugendliche der Hitler-Jugend, in Napola-Schulen und als Flakhelfer sozialisiert worden sind. [...] Es gibt unter ihnen die *Moralischen,* die sich wie Grass oder Habermas von der negativen Erfahrung des Nationalsozialismus ihr Leben lang **normativ** leiten ließen, [...] und die spätere **Erinnerungskultur** prägten; die im eigentlichen Sinn *Skeptischen,* die sich den Forderungen der Moral des Ernstes, der Entscheidung radikal verschlossen. [...] Die *Politischen,* die (wie Walser oder Enzensberger) im **Schulterschluss mit den 68ern** das Heil zunächst im Kommunismus fanden, und die *Nationalen,* die eine Nostalgie für die verlorene Nation entwickelten.

(IV) Die **Kriegskinder** (Jahrgänge **1930–1945**) sind eine **Zwischengeneration**. [...] Ihre intellektuelle Reife fällt in die **1950er Jahre,** wo sie (wie Alexander Kluge und Oskar Negt) auf die Wiederbewaffnung der BRD und die atomare Bedrohung **politisch reagierten.** Sie waren die älteren Brüder und Schwestern der **68er;** viele von ihnen sind **unangepasste Intellektuelle** geblieben.

(V) Die **68er Generation** ist im Krieg oder nach dem Krieg aufgewachsen und umfasst die Jahrgänge von ca. **1940–1950.** Die Sozialisation dieser Generation ist **ambivalent** geprägt: zum einen durch das Programm der **demokratischen ›Reeducation‹** in einer langen **Friedenszeit,** zum anderen durch **Elternhäuser,** in denen diese **Umerziehung gerade nicht** stattgefunden hat. Die Reaktion auf dieses **double bind** war eine **aggressive Wendung** gegen Eltern und die Gesellschaft, die sie repräsentierten; [...]

Das **vereinheitlichte Bild** der **68er Generation** ist in der Retrospektive hervorgetreten. In der **zeitlichen Distanz** werden **Unterschiede verflacht** und **Spannungen vergessen;** das Ergebnis ist ein auf bestimmte Höhepunkte **reduziertes Kondensat,** die Fiktion einer Generation als ›**kollektiver historischer Akteur**‹.« (Assmann 2014, 2. Aufl. 60–63; die meisten Hervorh. H. V.)

Späteres Zwischen-Fazit: »Während die Bedeutung der **68er als historische Generation** und **Bewegung** in aller Munde ist, haben sich die **45er** nicht im Sinne einer Generation profiliert. Als herausragende Intellektuelle sind sie gut bekannt, denn zu ihnen gehören illustre Namen wie Martin Walser, Günter Grass, Jürgen Habermas oder Niklas Luhmann, **aber als Generation mit einem gemeinsamen Projekt stehen sie bislang im Schatten der** 68er und sind weitgehend vergessen. Ich möchte mit diesem Beitrag eine **Gedächtnislücke** in unserem historischen Bewusstsein über die Nachkriegszeit schließen und habe dafür nicht die Form einer Abhandlung, sondern die eines **Gesprächs** gewählt. Kann ein Gespräch aber überhaupt einen relevanten Zugang zur **Vergangenheit** öffnen und auch als eine **Geschichtsquelle** in Betracht gezogen werden?

Zeitzeugen spielen in der **Geschichtswissenschaft** längst eine wichtige, wenn auch immer noch eine umstrittene Rolle. Seit den **1970er Jahren** haben wir den Aufbruch einer internationalen **Oral History-Forschung** erlebt. Damals ging es darum, die historische Forschung um Quellen zu erweitern, die in den **Archiven** nicht gespeichert. […] Bei diesen von Historiker/innen erhobenen **Interviews** handelte es sich aber stets um **anonymisierte Zeugnisse**. Der Zeitzeuge dagegen ist nicht anonymisiert, er spricht in seinem eigenen Namen. Die **1990er Jahre** wurden […] als **Jahrzehnt der Zeitzeugen** bezeichnet. […] als die **Überlebenden des Holocaust**, deren Geschichten und Erfahrungen in diesem Zeitraum zum ersten Mal öffentlich artikuliert und in großer Zahl als **Video-Interviews** gespeichert wurden.

Die Erfahrung der **Judenvernichtung aus der Opferperspektive** war eine wichtige Ergänzung für die **Geschichtsforschung**, denn lebendige Stimmen können etwas vermitteln, was schriftliche und andere Quellen nicht können: sie reichern die subjektive Perspektive mit **Individualität, Emotionalität** und dem Gewicht **sinnlicher Erfahrung** an.« (Assmann 2019, 42–43; viele Hervorh. H. V.)

An dieser Stelle empfehle ich [H. V.] begeistert folgendes Lektüre-Highlight: International Holocaust Remembrance Alliance (IHRA), in partnership with UNESCO – Chairmanship Germany 2020/2021 (Herausgeber): *Empfehlungen für das Lehren und Lernen über den Holocaust*, **61 S.**

»(VI) Die **78er** sind wiederum eine **Zwischengeneration**, die den 68ern als deren ›kleine Geschwister‹ folgen. [...] Sie umfasst die Jahrgänge von ca. **1950–1960.** Nachdem sie zunächst eifrig in die Fußstapfen der 68er traten, haben viele von ihnen später den **Abstand zu** den ›größeren Geschwistern‹ deutlich markiert und sich z. T. mit scharfer Polemik von ihnen abgewendet. [...] Das Spezifische dieser Generation besteht darin, sich nicht gegenüber der **Elterngeneration**, sondern gegenüber den **68ern** (einschließlich gegenüber sich selbst als früheren 68ern) profilieren zu müssen.

(VII) Die **85er Generation** umfasst die Jahrgänge von ca. **1965–1980.** Diese Generation der heute um die Dreißigjährigen ist in einer Welt sich überstürzender technischer Neuerungen und globaler Herausforderungen aufgewachsen. [...] Als Kinder der 68er sind sie die erste Generation, die ›kriegsschadenfrei aufgewachsen‹ ist. [...] Auch die Generation der 85er definiert sich (wie schon die 78er) durch **Distanzierung von den 68er Werten** und damit von eben dem Milieu, in dem sie aufgewachsen ist. Doch bei dieser Distanznahme bleiben die **85er** (anders als die 78er) eher cool und geraten nicht mehr in flammenden Zorn: [...] sie bekennen sich zu fröhlichem **Hedonismus** und selbstzentrierter **Indifferenz**.« (Assmann 2014, 2. Aufl. 60–64; wenige Hervorh. H. V.)

9. Pragmatischer Schlussstrich und moralischer Trennungsstrich

»Nach Lübbe ging es in der ersten Phase der deutschen **Erinne-rungsgeschichte** vordringlich um soziale und politische Integrati-on. Die westliche und die europäische **Integration** […] gelang der Gesellschaft mit **kommunikativem Schweigen**. […] Man ließ die **Vergangenheit** durch Verschweigen ganz einfach auf sich beruhen und glaubte sie damit irgendwann loszuwerden. Man war allge-mein zuversichtlich, dass das nur eine Frage der Zeit war. Die **junge Protest-Generation der 68er** machte dann den ersten gewaltigen Strich durch diese Rechnung. […] Mit der Aufdeckung von **NS-Biografien** in Familien **und** Institutionen arbeitete die junge west-deutsche Generation gleichzeitig an einer **Entwertung** ihres unge-liebten **Staates**, den sie nach wie vor faschistisch entlarvte, und iden-tifizierte sich idealistisch mit **kommunistischen Regimen**, die sie als moralisch vorbildlich verehrte.« (Assmann 2020a, 49; Hervorh. H. V.)

»Die **Kriegsgeneration** hatte ihre Vergangenheit mit einem Schlussstrich zum Verschwinden gebracht; die **zweite Generation** zog unter diese Vergangenheit einen moralischen Trennungsstrich Der **pragmatische Schlussstrich** bedeutete **Entsorgen durch Ver-schweigen**; […] Der **moralische Trennungsstrich** dagegen bedeu-tete radikale **Distanznahme von der Vergangenheit**; […] Diese konträren Formen des Umgangs mit der Vergangenheit prallten zwi-schen den Generationen aufeinander.« (Assmann 2020a, 49–50; 3, Hervorh. H. V.)

»Das **Brechen des Schweigens** Ende der **60er Jahre** […] war alles andere als eine vollständige Offenbarung, sondern blieb eine **lebenslange Anstrengung**, die auch die eigenen Abwehrmechanis-men mit einschloss. Die Entwicklung führte dabei vom **politisier-ten Bruch zwischen den Generationen** bis zur **Annahme der NS-Geschichte als Teil der Familienbiographie** durch die zweite **und** dritte Generation.« (Assmann 2020a, 51; Hervorh. H. V.)

10. Das Crescendo der Holocaust-Erinnerung

1945	1965	1985	2005
Kriegsende	Auschwitz-Prozess	Weizsäcker-Rede Historikerstreit	Zentrales Holocaust-Mahnmal
Vergangenheitsbe-wältigung		Vergangenheitsbewahrung	
		national	transnational

»Es dauerte **20 Jahre**, bis der **Holocaust** aus seiner Überlagerung und Verdeckung durch den **Zweiten Weltkrieg** allmählich zur Erscheinung kam und durch **Gerichtsprozesse** in Jerusalem und Frankfurt neu thematisiert wurde, weitere **20 Jahre**, bis diesem **Menschheitsverbrechen** in intellektuellen Debatten und Akten des Gedenkens ein neuer Platz zugewiesen wurde, und dann noch einmal **20 Jahre**, bis dieses Ereignis in **Museen** und **Denkmälern** weltweit verankert wurde.« (Assmann 2020a, 56; Hervorh. H. V.)

»Nach **1989** öffneten sich die zentraleuropäischen **Archive** und **europäische Kollaborationsgeschichten** kamen zum Vorschein. [...] Die **deutsche Erinnerungskultur** hat sich aber ganz allmählich vier Jahrzehnte nach Ende des Krieges aufgebaut. Was ihr voranging, war eine lange **Latenzzeit**, in die das **kommunikative Beschweigen** und das folgenreiche **Brechen des Schweigens** durch die **Protestgeneration** gehörten. [...]

Was für die **ältere Generation** heilsam gewesen sein mochte, hat die nachfolgenden **Generationen** schwer belastet. Sie wurden zu den Begründern einer **neuen Erinnerungskultur**, die emotionale, moralische und kulturelle Aspekte umfasste. Diese Erinnerungskultur ist das **Generationenprojekt der 68er** geworden.« (Assmann 2020a, 57–58; Hervorh. H. V.)

»Tatsächlich war die **Entideologisierung** der vorangegangenen geschichtspolitischen Debatten eine entscheidende Voraussetzung der **neuen Erinnerungskultur**. An die Stelle rechter und linker

Ideologien traten nun die **Menschenrechte als normative Grundlage**. [...] Diese **mentalitäts-geschichtliche Wende** begann in den **1980er Jahren** an mehreren Orten und gewann dabei eine kumulative Wirkung. [...]

Im Zentrum der Orientierung standen jetzt die Menschenrechte und, damit verbunden, die **Anerkennung von Leiden** und die **Empathie mit den zivilen Opfern** von politischer Gewalt und Rassismus. Diese Wende lässt sich auch als **Um-Perspektivierung** von der **Schonung der Täter** hin zu den **Leiden der** (nicht nur jüdischen) **Opfer** beschreiben. Mit diesem Schritt endete zugleich die deutsche **Selbstbezüglichkeit im Erinnern**, denn in den folgenden Jahren erfolgte der Eintritt in eine **transnationale Holocaust-Erinnerungsgemeinschaft** mit dem gemeinsam gefassten Grundsatz ›**Vergangenheitsbewahrung**‹ in einem auf eine unbestimmte Zukunft ausgerichteten **Gedenken**.« (Assmann 2020a, 58–59; Hervorh. H. V.)

»In den Medien läuft seit Längerem ein erhitzter Streit darüber, ob der **Holocaust** auch in Zukunft seine zentrale Rolle im **Gedächtnis der Deutschen** behalten soll. Der Grund hierfür ist das Aufkommen weiterer historischer **Erinnerungen in der Migrationsgesellschaft**. [...]

Die Symbolpolitik Hitlers **und die Tatsache, dass der** 9. November 1923 der Nationalfeiertag im ›Dritten Reich‹ war, **ist heute kaum mehr bekannt.**

[...] Der 9. November 1923 ist das **missing link zwischen 1918 und 1938.** Er zeigt nämlich, wie unauflöslich der **Kampf um Demokratie** mit der **Erinnerung an den Ausbruch von Gewalt** gegen die **jüdische Bevölkerung** verbunden ist. [...] Für Hitler war die **Weimarer Republik** das Feindbild, und es war ein **jüdisches Feindbild.** Den Juden wurde nämlich vorgeworfen, dass sie die **Ideale der französischen Revolution** Freiheit, Gleichheit, Brüderlichkeit über die Staatsgrenzen hinweg verbreiteten und die **ethnische Nation zerstören.**

[...] **Am 9. November 1938 hat Hitler seine** antidemokratische ›Bewegung‹ **noch einmal in allen deutschen Städten wiederholt – als eine** totale Volkserhebung der nationalsozialistischen Volksgemeinschaft **gegen** die Juden.

[...] **Die** Erinnerung an das jüdische Engagement für die liberale Gesellschaft **und** die rechtstaatliche Demokratie **ist das Band, das die verschiedenen Daten des** 9. November bis heute **miteinander verknüpft.«** (Assman 2021, 29; Hervorh. H. V.)

11. Das Erinnern in der Migrationsgesellschaft

»Die Frage nach der **Involvierung junger Migrantengenerationen** in die deutsche Erinnerungskultur ist inzwischen Thema eines eigenen Diskurses geworden. Involvierung kann dabei zweierlei heißen: Wie kann man zum einen diese neue Bevölkerungsgruppe, die in Deutschland aufwächst und hier sozialisiert wird, in die **Holocaust-Erinnerung** einbinden? – Und wie muss sich zum anderen diese Erinnerung verändern, um **neue Zugänge** zu ihr zu öffnen? – Mit anderen Worten: Wie wird sich die Erinnerung an den Holocaust mit der Verwandlung Deutschlands in eine **Einwanderungsgesellschaft** verändern?« (Assmann 2020a, 124; Hervorh. H. V.)

»Mit der **Erinnerung an historische Schuld** öffnet sich das **nationale Gedächtnis** nun zum ersten Mal für die **Anerkennung dieser Geschichte dieser Opfer**, für Akte der Restitution und für **Erinnerungspraktiken**, die ihre **Integration** in die Gesellschaft befördern sollen.« (Assmann 2020a, 127; Hervorh. H. V.)

»Die Frage nach dem Verhältnis zwischen **Erinnerungskultur und politischer Bildung** wird inzwischen mit immer größerer Dringlichkeit gestellt. [...] Es ist ein verbreitetes **Missverständnis, Erinnern** sei eine rückwärtsgerichtete Haltung, die an der **Vergangenheit klebt** und die **Zukunft verstellt**. Denn zu den aktuellen Zukunftsfragen in unserer Gesellschaft gehören heute die **Migrations-**

thematik sowie die schwelende **Fremdenfeindlichkeit** und ihre historische Erbschaft. Erinnerungskultur, politische Bildung und **Zivilgesellschaft** gehören deshalb eng zusammen.« (Assmann 2020a, 133; Hervorh. H. V.)

»Eine […] sozialpsychologische These besagt, dass sich **Vorurteilsmuster** sehr lange halten, weil sie flexibel auf neue Situationen reagieren und sich dabei auf **neue Angriffsziele** umstellen. Das **rassistische Grundmuster**, das die **Abwertung der Anderen** diktiert, dient dabei unmittelbar der **Selbstaufwertung** und eigenen **Statussicherung**. Der neue Terminus dafür stammt von dem Bielefelder Politologen Wilhelm Heitmeyer und heißt ›**gruppenbezogene Menschenfeindlichkeit**‹.« (Assmann 2020a, 134–135; meiste Hervorh. H. V.)

12. Die vergessene deutsche Migrationsgeschichte

»Wenn es eine Geschichte gibt, die es schwer hat, ihren Platz in der historischen Forschung, in öffentlichen Medien und im allgemeinen Bewusstsein zu finden, dann ist es das Schicksal von Menschen, die **Flucht** und **Vertreibung** erfahren mussten. […]

Ein Grund ist der, dass dies vorwiegend eine **Frauen-Geschichte** ist und sich die **Historiker** mehr für Staatsmänner, Generäle und Soldaten interessieren als für die **Zivilisten**, die von Kriegen und ihren Auswirkungen betroffen sind. […] Sie gelten als Neben- und Nachwirkungen des Kriegs. […] **Migration**, Flucht und Vertreibung […] waren auch eine Folge der **europäischen Gewaltgeschichte des 20. Jahrhunderts**.« (Assmann 2020c, 148–149; Hervorh. H. V.)

»Andreas Kossert […] untersucht [dieses Phänomen] in seinem Buch von 2008 – *Kalte Heimat: Die Geschichte der deutschen Vertriebenen nach 1945* – im Zusammenhang des **Zweiten Weltkriegs** und der **Nachkriegszeit**. […]

Zwischen **1,5** und **zwei Millionen** Deutsche **kamen durch Vertreibung und Flucht um**. […] Begriffe wie ›**Trauma**‹ und ›**Empa-**

thie‹ waren unbekannt in der Nachkriegszeit; es herrschten **Apathie** und **Gefühlskälte**. In diesem Klima der Erschöpfung und Verbitterung trafen die Vertriebenen auf wenig Verständnis.« (Assmann 2020c, 152–153; Hervorh. H. V.)

»Eine breitere gesellschaftliche Auseinandersetzung mit dem Thema Flucht und Vertreibung begann erst an der **Wende des 21. Jahrhunderts** mit einer neuen Welle von Romanen, Sachbüchern und Filmen. […] Es ist die Geschichte der stetigen und nicht umkehrbaren **Verwandlung** der Bevölkerung durch **Zuwanderer**, ihrer zunehmenden **gesellschaftlichen Integration** und der zähen Verhandlungen über den Umbau Deutschlands in ein **Einwanderungsland**.« (Assmann 2020c, 158–159; Hervorh. H. V.)

13. Der Schock des 4. November 2011

»Am **4. November 2011** erlebte die deutsche Gesellschaft ein böses Erwachen. An diesem Tag, den ich als ein **Meilenstein in der deutschen Erinnerungsgeschichte** bewerte, fand eine **elfjährige Mordserie** mit dem Selbstmord zweier **rechtsradikaler Täter** ihr Ende, die **zehn Menschen** gezielt erschossen und mit zwei Nagelbomben-Anschlägen viele Menschen verletzt hatten. Mit der Aufhellung der **NS-Morde** musste die Gesellschaft […] einsehen, dass in ihrer Mitte ungehindert **ein Jahrzehnt lang** systematisch und gezielt **gemordet** worden war, ohne dass die Alarmglocken zu läuten begannen.« (Assmann 2020a, 131; Hervorh. H. V.)

»Nach Offenlegung der **Hintergründe der Taten** wurde schockartig deutlich, dass man sich die **Sprache der Täter** angeeignet hatte, die ihre Anschläge mit dem Code-Wort ›Aktion Dönerspieß‹ etikettiert hatten. Dennoch hielt sich das Kürzel ›Döner-Morde‹ mit und ohne Anführungszeichen in der **Berichterstattung der Medien**.

Mit der Aufklärung der **Verbrechen im November 2011** wurde zum ersten Mal öffentlich anerkannt, dass der **Terror in Deutschland** nicht nur von links [...] oder von islamistischen Vereinigungen droht, sondern auch von rechts. Am 13. November 2011 sprach Innenminister Friederich zum ersten Mal von ›**einer neuen Form des rechtsextremistischen Terrorismus**‹. Im Zuge der neu einsetzenden Untersuchungen stellte man mit Entsetzen fest, dass der **Verfassungsschutz** und die **Strafverfolgungsbehörden** Teil des Problems sind und nicht Teil seiner Lösung waren. Der **NSU-Skandal** war ein Stresstest, den die **demokratischen Institutionen** offenbar nicht bestanden haben.« (Assmann 2020a, 132–133; die meisten Hervorh. H. V.)

14. Vier Modelle für den Umgang mit traumatischer Vergangenheit – Erinnern oder Vergessen

»Wenn wir heute auf die zweite Hälfte des 20. Jahrhunderts zurückblicken, können wir feststellen, dass sich die Formen des Umgangs mit **traumatischen Vergangenheiten** mehrfach verändert haben. In verschiedenen zeitlichen Phasen wurden für die **Erinnerungspolitik** sehr unterschiedliche Schwerpunkte gesetzt. Ich möchte im Folgenden vier solcher Phasen unterscheiden und dabei ihre **Normen** und **Zielsetzungen** rekonstruieren: 1. Dialogisches Vergessen – 2. Erinnern, um niemals zu vergessen – 3. Erinnern, um zu überwinden – 4. Dialogisches Erinnern.

14.1 Dialogisches Vergessen

Die Frage »**Erinnern oder Vergessen**« hat sich auch der Althistoriker Christian Meier in seinem Buch – *Das Gebot zu vergessen und die Unabweisbarkeit des Erinnerns. Vom öffentlichen Umgang mit schlimmer Vergangenheit*, München 2010 – gestellt. [...] Darin plädiert er dafür, nicht das Erinnern, sondern das **Vergessen als**

eine kulturelle Errungenschaft anzusehen, wobei er aber explizit hinzufügt, dass **Auschwitz** von dieser Regel auszunehmen sei. Meiers These von den Segnungen des Vergessens ist inzwischen in jeder **Diskussion um die deutsche Erinnerungskultur** ein fester Topos geworden, ohne dabei die Einschränkung zu berücksichtigen, die der Autor bereits im Titel seines Buches angezeigt hat. Meiers Buch wird meist weniger als **historische Studie** gelesen, denn als willkommenes **wissenschaftlich autorisiertes Standardargument gegen** die deutsche Erinnerungskultur weitergereicht.« (Assmann 2020a, 182; Hervorh. H. V.)

»Sieben Formen des Vergessens ...«

1	automatisches Vergessen		
2	Verwahrensvergessen	Vergessen als Filter	neutral
3	selektives Vergessen		
4	destruktives und repressives Vergessen	Vergessen als Waffe	negativ
5	defensives und komplizitäres Vergessen		
6	konstruktives Vergessen	Vergessen als Ermöglichung von Zukunft	positiv
7	therapeutisches Vergessen		

»Die beiden letzten Formen des Vergessens – **konstruktives** und **therapeutisches Vergessen** – beziehen sich auf die Rolle des Vergessens im **Umgang mit traumatischer Vergangenheit**. In diesem Punkt zeichnet sich derzeit ein deutlicher **Paradigmenwechsel** ab. [...] Das löschende konstruktive Vergessen [...] weicht immer mehr einem therapeutischen Vergessen, das das **Erinnern** [...] in sich aufgenommen hat. **Der größte Teil geht verloren.** Das ist die älteste Selbstbeschreibung des **menschlichen Gedächtnisses**, die für Individuen wie für Gesellschaften und Kulturen gilt. [...] Ein unvergesslicher Satz [...] des französischen Schriftstellers Balzac: ›Die Erinnerungen verschönern das Leben, aber das Vergessen macht es erträglich‹.« (Assmann 2020b, 67–68; Hervorh. H. V.)

14.2 Erinnern, um niemals zu vergessen

»Als zentrale Vordenkerin einer **neuen Erinnerungskultur** möchte ich hier Hannah Arendt zu Wort kommen lassen. Während Churchill und andere sich auf eine neue zukunftsorientierte **Politik des Vergessens** einstimmten, reformulierte Hannah Arendt das **Konzept einer neuen ethischen Erinnerungskultur**. Fünf Jahre nach Winston Churchills Züricher Rede **1946** mit dem **Plädoyer für das Vergessen** publizierte Hannah Arendt ihr Buch – *The Origins of Totalitarianism* – **1951** [dt. *Elemente und Ursprünge totaler Herrschaft*, **2003**]. – In ihrem Vorwort zur englischen Ausgabe schrieb sie einige Sätze gegen das **Vergessen**, die als Motto und Wegweiser über dieser neuen Erinnerungskultur stehen können. Sie machte darin vier Aussagen, die zusammengenommen den **Rahmen** der neuen Erinnerungskultur bilden.

1. Arendt konstatierte […] zunächst einmal eine radikale **Zäsur**, die sie als einen **Tiefpunkt der Geschichte** bestimmte, an dem ›alle Hoffnungen gestorben sind‹. […] Arendt erklärte, dass ›die Grundstruktur aller Zivilisationen zerbrochen‹ sei, weshalb uns **keine Zukunftsversprechen** so einfach über die Schwelle hinweghelfen können.

2. Arendt stellte fest, dass sich mit der letzten **Phase des Totalitarismus ›ein absolut Böses‹** offenbart habe. Sie spricht hier von ›absolut‹, weil sich dieses Geschehen ›nicht mehr in den Kategorien verständlicher menschlicher Motive erklären lasse‹. Für diejenigen, die diese äußerste **Gewalt** traf, markiert diese negative Offenbarung den Anfang einer neuen Ära: Sie sind in der Epoche angekommen, in der sie ›die wahrhaft radikale Natur des Bösen‹ kennengelernt haben. […]
   Lange vor seiner Benennung als ›**Holocaust**‹ und seiner Bewertung durch den **Historikerstreit** hat Arendt mit dieser Deu-

tung den **Mord an den europäischen Juden** aus dem Zusammenhang der **kontingenten Geschichte** herausgelöst und auf die Ebene einer **universalen Menschheitsgeschichte** gehoben.

3. Nach Arendt erfordert diese negative Offenbarung eine Antwort auf der **Ebene des Handelns.** Diese Antwort besteht für sie in der Sicherung der **Menschenwürde** auf einer politischen, rechtlichen und universalen Ebene. [...]

4. Neben dieser **neuen Form einer Menschenrechtspolitik** forderte Arendt noch eine weitere Antwort auf die neue transzendente Erfahrung und entwickelte dabei ihr **Konzept einer ethisch motivierten Erinnerung** [...].

Arendts vier Punkte
- die Zäsur eines Zivilisationsbruchs
- die negative Offenbarung eines absolut Bösen
- die Notwendigkeit einer neuen Menschenrechtspolitik
- das Konzept einer ethischen Erinnerung

bilden die **geistige Grundlage der neuen Erinnerungskultur.** Diese wurde jedoch nicht im Jahre 1950, als diese Sätze niedergeschrieben wurden, sondern erst drei bis vier Jahrzehnte später in den **1980er und 1990er Jahren** aufgebaut. Denn so lange hat es gedauert, bis sich die **implizite Wertorientierung** und **Zeitorientierung** verschoben, die **Fortschrittserzählung** verblasste, und ein **allgemeines Verständnis** dafür entwickelte, dass dies tatsächlich ›die Wirklichkeit (ist), in der wir leben‹ [Arendt]. **Die traumatische Vergangenheit des Jahrhunderts der Gewalt,** so diese – *hellsichtige Kassandra* – wird sich nicht mehr von selbst auflösen, sondern umgekehrt noch viel **retrospektive Aufmerksamkeit** erfordern.« (Assmann 2020a, 187–189; die meisten Hervorh. H. V.)

»Die Leitbegriffe des Vergessens wie ›**Vergangenheitsbewältigung**‹ und ›**Wiedergutmachung**‹ stießen in der Bundesrepublik seit den **1960er Jahren** zunehmend auf **Kritik und Widerstand**. […] Entscheidend war, dass dabei der Standpunkt **radikal gewechselt** wurde; hier wurde nicht mehr aus der Perspektive der **Gesichtswahrung der Täter** in der Mehrheitsgesellschaft, sondern aus der **Perspektive der jüdischen Opfer** gesprochen, die aus dem herrschenden **Vergangenheitsnarrativ** bisher weitgehend herausgefallen waren. Diese Sicht machte sich die **Nachkriegsgeneration der 68er** im Anschluss an diese Entwicklung zu eigen und wandte sich gegen die **Kriegsgeneration ihrer Eltern** und den **Staat**. […]

1985 wurde zu einem **Schlüssel- und Wendejahr der deutschen Erinnerungskultur**. […] Das Wort ›Erinnerungskultur‹ ersetzte die älteren Begriffe der **1950er und 1960er Jahre** wie ›Schlussstrich‹, ›Vergangenheitsbewältigung‹ und ›Wiedergutmachung‹, die in der Bundesrepublik eine **Politik des (sich selbst Vergebens** und) **Vergessens** begleitet hatten.« (Assmann 2020a, 190; einige Hervorh. H. V.)

»Kern der **neuen Erinnerungskultur** war der **Holocaust**. Dieses […] Ereignis ist erst vier Jahrzehnte [bis **1985**] nach **Kriegsende** ins allgemeine gesellschaftliche, nationale und transnationale **Bewusstsein** getreten, nachdem das deutsche **Mega-Verbrechen an den Juden** zum Gegenstand von **Gerichtsverhandlungen** und historischer und medialer **Forschung** geworden war, wurde es jetzt zunehmend auch zum Gegenstand **politischer** und **gesellschaftlicher Erinnerung**. Die Stabilisierung der **Holocaust-Erinnerung** auf der Basis eines **ethischen Erinnerungsvertrags** zwischen den **Deutschen als Nachfahren der Täter** <u>und</u> den **Juden als Überlebende und Nachfahren der Opfer** war eine **historisch neuartige Antwort** auf das in seinen Ausmaßen und seiner Durchführung **absolut präzedenzlose Verbrechen des Judenmords**. […]

Es hat sich gezeigt, dass im Falle des **Holocaust** ein Neubeginn […] nur über die **Bereitschaft zu gemeinsamem Erinnern** zu erreichen war. Indem die **Opfer mit ihrer Erinnerung** nicht allein gelassen werden, sondern diese **Perspektive** von den **Nachfahren der Täter** in ›**anamnetischer Solidarität**‹ (Johann Baptist Metz) geteilt wird, kann das **historische Trauma [...] Grundlegung einer gemeinsamen Zukunft** werden. [...] Diese Form der **Vergangenheitsbewahrung** gründet auf einem **ethischen Erinnerungspakt**, der auf Zukunft und **unbeschränkte Dauer** ausgerichtet ist: [...] **Erinnern, um nicht zu vergessen.**« (Assmann 2020a, 190–191; die meisten Hervorh. H. V.)

14.3 Erinnern, um zu überwinden

»In **traumatisch gespaltenen Gesellschaften** führt der Weg zur **Rechtsstaatlichkeit** und **Integration** heute weithin durch das Nadelöhr der **Erinnerung in Gestalt der Aufarbeitung von Massenverbrechen**. Durch politische Rituale der Reue und empathischer Teilhabe der Gesellschaft an der Erinnerung der Opfer soll die **Wucht des Traumas** verringert und die **Last der Schuld** abgetragen werden. Anschließend ist dann ein Neubeginn möglich, unter der Bedingung, dass die **traumatische Geschichte zur Vergangenheit geworden** ist.« (Assmann 2020a, 193; Hervorh. H. V.)

»In **Post-Diktatur-Gesellschaften** gilt die Anerkennung und Erinnerung an das **Leid der Opfer** als wichtiger Teil einer **sozialen Umwandlung** und **Versöhnung**, die auf den **politischen Systemwandel** folgen muss. [...] Der **politische Transitionsprozess** muss durch einen **gesellschaftlichen Transformationsprozess** ergänzt und vertieft werden. [...] Das Ziel besteht vorrangig darin, die **Gewaltgeschichte** hinter sich zu bringen und hinter sich zu lassen, um eine **gemeinsame Zukunft** zu gewinnen.« (Assmann 2020a, 195; einige Hervorh. H. V.)

14.4 Dialogisches Erinnern

»Mein viertes und letztes Modell betrifft Situationen, die den **nationalen Rahmen überschreiten**. Es geht um **Erinnerungspolitik** zwischen zwei oder mehreren **Staaten**, die durch eine gemeinsame **Gewaltgeschichte** miteinander verbunden sind. Zwei Staaten entwickeln ein **dialogisches Entwicklungsmodell**, wenn sie einseitig oder gegenseitig ihren eigenen Anteil an der **traumatisierten Geschichte des Anderen** anerkennen und **empathisch** das selbst verursachte und zu verantwortende **Leiden der anderen Nation ins eigene Gedächtnis** mit einschließen.« (Assmann 2020a, 195–196; Hervorh. H. V.)

»Angesichts einer **taumatischen Vergangenheit** gibt es üblicherweise überhaupt nur **drei sanktionierte Rollen**, die das **nationale Gedächtnis** akzeptieren kann: die des **Siegers**, der das Böse überwunden hat, die des **Widerstandskämpfers** und **des Märtyrers**, der gegen das Böse gekämpft hat, und die des **passiven Opfers**, das das Böse erlitten hat.« (Assmann 2020a, 196; Hervorh. H. V.)

»Die **nationalen Gedächtnisse** existieren in **Europa** jedoch nicht mehr in Isolation, sondern mit anderen nationalen Gedächtnissen untrennbar verbunden. Tatsächlich zeigt sich immer wieder, dass die **europäische Integration** nicht wirklich fortschreiten kann, solange sich die **monologischen Gedächtniskonstruktionen** der Mitgliedsstaaten weiter verfestigen und miteinander kollidieren. Auf diese Situation antwortet mein viertes Modell ›dialogisches Erinnern‹, das ich hier neben dem **inklusiven Opferbegriff** und dem Konzept der **Erinnerungsverknüpfung (*multi-directional memory*)** – [von Michael Rothberg 2009] – als eine dritte Möglichkeit der Überwindung von **Gedächtniskollisionen** vorschlagen möchte. Dabei handelt es sich […] um eine große kulturelle und politische Chance, die gerade im **Projekt Europa** enthalten ist.« (Assmann 2020a, 196–197; Hervorh. H. V.)

»Das **dialogische Erinnern** schließlich, das sich erst in Ansätzen abzeichnet und noch keine zuverlässig praktizierte Form der **Erinnerungspolitik** darstellt, antwortet auf die historische Realität einer **gemeinsamen Gewaltgeschichte**, in die zwei oder mehrere Nationen verstrickt sind. [...]

Hier tut sich tatsächlich ein wichtiges Feld **gegenseitigen Lernens** und der **historischen Bildung** auf. Was der **ersten Generation** nicht möglich war und von der **zweiten Generation** ignoriert wurde, kann in der **dritten Generation** leichter zum Gegenstand **gegenseitiger Erzählung** und **empathischer Aufnahme** werden.« (Assmann 2020a, 202–203; Hervorh. H. V.)

15. Die These:
Überwindung und Wiedererfindung der Nation

»Die Gleichsetzung von **Nation** und **Nationalismus** ist [...] gefährlich, denn wir erleben gerade, wie das **Bekenntnis der Nation** den **Rahmen der EU** sprengt. In immer mehr Ländern wird ein **heroisches nationales Selbstbild** von oben politisch und pädagogisch verordnet und immer weniger von den freien Bürger des Landes definiert. Der **Staat** monopolisiert die **mediale Öffentlichkeit**, wer gegen die verordnete **kollektive Identität** verstößt, wird als unpatriotisch diffamiert, denunziert, zensiert und verfolgt. Umso wichtiger also, die Nation nicht pauschal zu verurteilen oder gar abzuschaffen, sondern das **historische Projekt der EU** zu würdigen, die die **Nationen** in einem **demokratischen Staatenverbund** zusammengebracht und gezähmt hat. **Demokratien** sind aber kein Bollwerk gegen **autoritäre Bewegungen**. Deshalb bedarf es eines besonderen **Rahmens und Schutzschildes**, um demokratische Nationen zu stärken. Genau das ist das Projekt und die wichtige Aufgabe der EU. **Europa** wird deshalb gebraucht und muss in der **Krise** verteidigt werden – gegen die **Verächter der Demokratie** ebenso wie gegen die **Verächter der Nation**.« (Assmann 2020d, 28–29; Hervorh. H. V.)

16. Das Gegenmodell:
Die EU als Schutz-Schirm des Nationalstaates –
Meine drei Europas

I Polarisierung 1945–1989	II Pluralisierung 1989–2015	III Spaltung 2015 bis heute
Projekt der Veteranen des Ersten Weltkriegs	Fall der Mauer Ende des Kommunismus	Migrationskrise
Versöhnen und Vergessen Wirtschaft Wirtschaftswunder	Osterweiterung Öffnung der Archive Menschenrechte Neoliberalismus	Wiederkehr eines ethnischen Nationalismus
Der Osten bzw. Westen als Feindbild	Hitler und Stalin als Feindbilder der EU	Der Fremde als Feindbild in der EU

»Die EU ist ein Projekt, das inzwischen 70 Jahre alt ist. Sie hat keine lineare Geschichte hinter sich, vielmehr hat der Staatenverbund aufgrund veränderter weltpolitischer Lagen und Kontexte in diesem Zeitraum mehrfach seine Form gewechselt. Aus **meiner eigenen Perspektive** möchte ich von drei verschiedenen Europas sprechen, in denen ich gelebt habe und lebe. Erst wenn ich zurückblicke, fällt mir auf, wie stark sie sich voneinander unterscheiden.

Das **erste** Europa, in das ich hineingewachsen bin, ist nach dem Zweiten Weltkrieg entstanden. Es währte von 1945 bis 1989. In diesem Europa war viel vom »christlichen Abendland« die Rede. Das sagte mir damals wenig; später wurde mir klar, dass diese Formel in Deutschland vor allem die Aufgabe hatte, historische Kontinuität zu beschwören und die NS-Zeit zu überdecken. Auch zu den eigentlichen Architekten dieses Europas hatte ich damals noch keinen Bezug. Robert Schuhmann hielt ich für einen Komponisten und den Namen Rene Cassin, der 1948 die Erklärung der Menschenrechte vorbereitet hat und 1968 den Friedensnobelpreis erhielt, habe ich erst viel später wahrgenommen.

Die Musik spielte für mich immer woanders, in den USA oder in England: Bürgerrechts- und jugendlichen Protestbewegungen, Filme, Popmusik und die Beatles. Europa war ein Teil des Westens und Amerika verdanke ich meine geistige und kulturelle Initiation. Der Osten dagegen war zugesperrt, denn es herrschte der Kalte Krieg. Dieses erste Europa der **Polarisierung** wurde mithilfe der gegensätzlichen Ideologien des Kapitalismus und Kommunismus stabilisiert. Es gab aber auch Parallelen über beide Lager hinweg: Auf beiden Seiten erhoffte man sich alles von der Zukunft und vertrat einen technischen Fortschrittsoptimismus, der auf Raumfahrt setzte und zur Mondlandung führte. Die Vergangenheit war hüben und drüben vergessen, sie lag auf der anderen Seite des Mondes.

Die **zweite** Phase schloss sich von 1989 bis 2015 an. Ich nenne es das Europa der **Pluralisierung**. Mit dem Fall der Mauer und der Erosion des Staatssozialismus erschöpfte sich die Integrationskraft der Polarisierung. Die EU wurde für mich in dem Maße interessanter, wie der Osten Europas näherrückte. Heute spricht man im Westen schuldbewusst von »Osterweiterung«; für mich war das Ende des Kalten Krieges eine beispiellose Horizonterweiterung. Zwischen den Polen tat sich ein neuer Raum auf. Ich konnte plötzlich Grenzen überschreiten, Menschen begegnen und so vieles dazulernen.

Nach vier Jahrzehnten Vergangenheitsvergessenheit kehrte in Europa auch die Geschichte der ersten Hälfte des 20. Jahrhunderts zurück, denn der Horizont erweiterte sich nicht nur im Raum, sondern auch in der Zeit. Osteuropäische Archive waren plötzlich zugänglich und eine neue historische Forschung kam in Gang. Die Überlebenden des Holocaust fanden endlich Gehör. Im Januar 2000 trafen sich in Schweden Vertreter*innen unterschiedlicher Nationen, darunter die USA, Israel und das wiedervereinigte Deutschland, um eine Holocaust-Erinnerungsgemeinschaft zu gründen. Es folgten neue Denkmäler, Museen und der Umbau von Gedenkstätten.

Zwischen »dem« Westen und »dem« Osten ist Europa 1989 noch einmal neu entstanden als ein plurales Gebilde mit unterschiedlichen politischen Perspektiven, historischen Erfahrungen und Traumata. Es wurde in dem Maße vielstimmig, wie es sich aus dem Klammergriff des Westens wie des Ostens löste. So entstand ein Europa, das sich zwischen den Weltmächten behauptete und neue Akzente setzte. Es setzte dabei seinen westlichen Kurs der Friedenssicherung, der Demokratisierung und des wirtschaftlichen Wohlstands fort, ergänzte ihn aber um Rückbezüge auf vergessene und verdrängte Geschichte sowie um ein wachsendes Bewusstsein der gefährdeten Umwelt.

Das **dritte** Europa begann 2015 und dauert an. Es wurde durch die globale Migrationsbewegung ausgelöst, die viel weiter zurückreichende Ursachen hat, aber erst mit den Flüchtlingsströmen schlagartig ins allgemeine Bewusstsein drang und einen tiefen Einschnitt erzeugte. In dieser Phase der **Spaltung** nimmt die bindende und integrierende Kraft der EU rapide ab. Das plurale Europa wird überall auf eine harte Probe gestellt durch nationalistischen Gegenwind und aggressiv fremdenfeindliche Töne. Ideologische Gräben tun sich auf und Spaltungen werden manifest, nun nicht mehr **zwischen** den politischen Systemen, sondern **innerhalb** der Gesellschaften und Nationen. Das Feindbild des **ersten** polaren Europas war der Osten bzw. der Westen, das Feindbild des **zweiten** pluralen Europas waren Hitler und Stalin, das neue Feindbild des **dritten** polemisch gespaltenen Europas ist der Flüchtling und Fremde, der die Homogenität der Gesellschaft stört und die Einheit der Nation gefährdet.« (Assmann 2020d, 46–49)

Ausgewählte Literatur von Aleida Assmann

(2014): Geschichte im Gedächtnis. Von der individuellen Erfahrung zur öffentlichen Inszenierung. München: C. H. Beck, 2. Aufl., 219 S.

(2017): Einführung in die Kulturwissenschaft. Grundbegriffe, Themen, Fragestellungen. Berlin: Erich Schmidt, 4. Aufl., 264 S.

(2018a): Menschenrechte und Menschenpflichten. Schlüsselbegriffe für eine humane Gesellschaft. Wien: Picus, 2. Aufl., 190 S.

(2018b): Der lange Schatten der Vergangenheit. Erinnerungskultur und Geschichtspolitik. München: C. H. Beck, 3. Aufl., 320 S.

(2019): Das Zeitzeugengespräch als Quelle und Zugang zur Vergangenheit. Erinnerung, Geschichsbewusstsein und Geschichtsvermittlung zwischen den Generationen. heiEDUCATION Journal, 4, S. 35–56.

(2020a): Das neue Unbehagen an der Erinnerungskultur. Eine Intervention. München: C. H. Beck, 3. Aufl., 263 S.

(2020b): Formen des Vergessens. Göttingen: Wallstein, 5. Aufl., 224 S.

(2020c): Der europäische Traum. Vier Lehren aus der Geschichte. München: C. H. Beck, 5. Aufl., 224 S.

(2020d): Die Wiedererfindung der Nation. Warum wir sie fürchten und warum wir sie brauchen. München: C. H. Beck, 1. Aufl., 334 S.

(2021): Besichtigung einer Gedächtnisbaustelle. Zur Debatte über Erinnerungskultur und den 9. November: Warum sollten Ereignisse wie der Sturz der Mauer 1989 oder die Ausrufung der Republik 1918 aus dem nationalen Gedächtnis herausfallen? Frankfurter Rundschau, 18. November 2021, S. 29.

Petra Kunik

Meine jüdische Erinnerungskultur –
Von Generation zu Generation

> To be a Jew is to remember.
> *Elie Wiesel*

»Sachor – *Gedenke«* ist Aufgabe im jüdischen Selbstverständnis von biblischen Zeiten bis in unsere Gegenwart. Wenn ich, eine jüdische Frau, die zwei Schabbat-Kerzen anzünde, steht eine Kerze für »sachor« *gedenke/erinnere* und die zweite Kerze für »schamor *hüte/ bewahre!«* Für mich als liberale europäische Jüdin bedeutet *bewahre*: »Bewahre durch Erneuerung.«

G'tt soll sich erinnern –
Das Volk Israel soll sich seines G'ttes erinnern

Von Schabbat zu Schabbat erlebe ich bei der öffentlichen Lesung der Tora-Abschnitte und der korrespondierenden Haftara, wie die Ereignisse der jüdischen Geschichte als lebendige Vergangenheit bis ins Heute wirken.

Wie wichtig das Erinnern für jüdisches Selbstverständnis ist, belegt nicht nur der Tanach (hebräische Bibel), wo *sachor* 169 Mal vorkommt.

Erinnern ist Existenz-Versicherung: Um's Erinnern geht es auch an zentraler Stelle in der großen prophetischen Abschiedsrede von Mose an die Kinder Israels, bevor diese ins gelobte Land ziehen können. In Dewarim 6,6f heißt es:

6. Und es sollen diese Worte, die ich dir heute
Gebiete in deinem Herzen sein,
7. Und du sollst sie einschärfen deinen Kindern
Und davon reden, wenn du sitzest in deinem Haus
Und wenn du gehst auf dem Weg
Und wenn du dich niederlegst
Und wenn du aufstehst.

Seder-Abend

Ich sehe auf die beiden ersten Abende des *Pessach-Festes*, die *Sederabende*, die Abende der Ordnung. Juden in aller Welt kommen mit ihren Familien und mit Freunden zum rituellen Festmahl zusammen, um gemeinsam zu feiern, um sich gemeinsam zu erinnern. Jeder und jede findet an seinem / ihren Platz an der Festtafel ein liebevoll gestaltetes Buch, die *Haggada* (hebr. הדגה, Wortwurzel דגנ; dt. »erzählen«, »berichten«). In ihr steht der genau geordnete Ablauf des Abends: Was wann getrunken, was wann gegessen, was gemeinsam gelesen und gebetet und gesungen wird. Für meine Familie habe ich eine *Haggada* zusammengestellt, mit zahlreichen traditionellen rabbinischen Auslegungen und Geschichten…

Ein langer Abend.

Die *Haggada* führt uns traditionell durch die feierliche Mahlzeit mit ihren rituellen Speisen, dem ungesäuerten Brot, der *Mazza* und den vier Bechern Wein – sie ist wie **»di goldene kejt«**, die goldene Kette, Symbol in der jüdischen Tradition dafür, wie die Gegenwart mit der Vergangenheit verbunden ist.

Am Seder-Abend ist der / die Sederleitende verpflichtet, jedem / jeder an der Tafel, besonders aber den Kindern, die Sklaverei, den Aufbruch und den Weg in die Freiheit so zu vermitteln, dass alle es miterleben: »Jetzt ziehe ich aus der Sklaverei.« Doch wie kann es gelingen, auch die Jüngsten interessiert wach zu halten, wenn der

Abend doch bestimmt vier Stunden dauert? Es gelingt seit bestimmt 700 Jahren, indem die Kinder aktiv mit einbezogen werden. (Als bekannteste Haggad zählt die aus Deutschland stammende Vogelkopf-Haggada, von ca. 1300.) Denn ohne Kinder kann die Ordnung des Abends überhaupt nicht weitergeführt werden.

Orthodox fragt der Jüngste am Tisch.

Liberal fragen heute meistens alle Kinder, auch die Mädchen.

Wie gehoben ist meine Stimmung, wenn meine Enkelkinder die vier Fragen des Abends stellen!

*Manisch'ta-na ha laila hase mi kol halejlo*t? Warum ist dieser Abend anders als alle andern Abende?

An allen Abenden essen wir entweder Gesäuertes oder Mazza, heute essen wir nur Mazza? Und die Antwort lautet: Die Mazza ist ein Symbol für den eiligen Aufbruch aus dem Exil in die Freiheit.

Von vier Typen Kindern, vier jungen Leuten, spricht die Haggada. Von einem vernünftigen, *Chachmam*, von einem bösen, *Rasch*a, von einem Naiven, *Tam*, und dem, welcher noch nicht zu fragen versteht: *Ejno Jodea LiSchol.*

Der/die Sedergebende ist verpflichtet jeder/jedem die Geschichte vom Auszug der Kinder Israel zeitnah zu vermitteln.

Alle am Tisch lesen gemeinsam: In jeder Generation sollen Juden und Jüdinnen des Auszugs aus Ägypten gedenken, als ob sie eben erst selbst befreit worden wären

Aber auch an die unzähligen Männer und Frauen wird erinnert, die trotz aller Belastungen im seit zirka zweitausend Jahre währenden Exil Juden und Jüdinnen geblieben sind. Zu ihren Ehren wird der vorgeschriebene zweite Becher Wein vor der Hauptmahlzeit getrunken.

Nach bestimmt drei Stunden, vor dem Dankgebet für das Festmahl, stoppt der weitere Ablauf des Seder-Abends – hat doch Jemand den kleineren Teil der ersten Mazze, den *Afikoman,* versteckt. Doch der muss als Nachtisch vor dem Dankgebet für die Speisen gegessen werden.

Das Wiederfinden des *Afikomans* ist willkommener Spaß für die Kinder, die Jugendlichen und auch einzelne Erwachsene beteiligen sich an der fröhlichen Suche.

Jetzt sind alle wieder hellwach und erleben im zweiten Teil des Abends, dass die Mazze die Wandlung vom Brot des Elends zum Brot der Freiheit vollzogen hat.

Gedenken und Bewahren schließt die Verpflichtung ein, die Erinnerung von Generation zu Generation weiterzugeben.

»Wenn Dich morgen Dein Kind künftig fragt und spricht: Was ist es mit den Bestätigungen und den Satzungen und den Vorschriften, welche der Ewige unser G'tt euch geboten hat?, so sprich zu deinem Kind: Wir sind Sklaven des Pharao in Mizrajim gewesen und der Ewige hat uns herausgeführt aus Mizrajim mit starker Hand.« (Dewarim 6,21–21)

Das Andenken auslöschen...
und dennoch nicht vergessen: Amalek

Doch was sagt uns die Tora, wenn am Schabbat vor Purim aus Dewarim (25,17–19) die Paraschah (Wochenabschnitt) Sachor gelesen wird? Hier heißt es:

> Gedenke, was dir Amalek antat,
> als ihr auszogt aus Ägypten,
> als er über deinen Weg kam
> und die Schwachen rücklings überfiel, ...
> du sollst dies Andenken auslöschen
> und es dennoch nicht vergessen.

In der Schrift-Übersetzung von Buber-Rosenzweig lautet der letzte Vers:

> [...] wegwische das Gedenken Amaleks
> rings unter dem Himmel,
> vergiss nicht!

Ein Widerspruch – kein Widerspruch?

Gehen wir in die Familiengeschichte Amalek:

Ein *Midrasch* (*Midrasch* im Judentum kommt vom hebräischen *Darasch* und bedeutet »suchen« oder »fragen« und erzählerisch wird die hebräische Bibel erklärt) erzählt von Amaleks Mutter Timna. Sie wollte zu der bedeutenden Familie Abrahams gehören, doch der Sohn Abrahams, Isaak, und sein Enkel, Jakob Israel, lehnten es ab, Tamna in ihre Familie aufzunehmen. Da ging sie wütend zur verfeindeten Sippe Esaus, dem geprellten Zwillingsbruder von Jakob Israel, und ließ sich von Eliphas', dem Sohn Esaus, schwängern. Geboren wurde Amalek und mit ihm der Juden-Hass.

Doch warum lesen wir am Schabbat vor Purim öffentlich aus der Tora-Rolle von Amalek?

In der dazugehörigen *Haftarah* (1. Schemuel 15) wird vom Krieg zwischen König Schaul und Amalek berichtet. Hier wird Bezug genommen zu dem Amalekiter, dem Vorfahren von Haman, der alle Juden an einem Tag vernichten wollte.

»Gedenke, was dir Amalek antat«, ist aktuell bis heute, das Andenken an die Taten – doch den Namen sollen wir auslöschen.

Wenn wir an Purim in der Synagoge das Buch Esther zum Gedenken an die Rettung des jüdischen Volkes im 5. Jahrhundert v. Chr. lesen, hören wir von der Entrüstung des persischen ersten Minister Haman. Mit der Verschwörungslüge, das jüdische Volk im persischen Reich will sich nicht integrieren, ja, hält an seinen Riten und Gesetzen fest und verachtet so die Majestät. Voll Vertrauen erteilt der König Haman alle Vollmacht.

Weiter müssen wir hören, wie Haman das Pur, das persische Wort für Los, zieht. So bestimmt er, an welchem Tag alle Juden im Großreich, von Indien bis Äthiopien, jeder einzelne Jude in der Welt zu töten ist und ihr Hab und Gut als Beute zu plündern (Buch Esther 3,13).

An Purim feiern wir, wie das Los durch die mutigen Taten von der Königin Esther und ihrem Onkel Mordechai sich wenden konnte und das jüdische Volk gerettet war.

Die ganzen Familien versammeln sich an Purim in der Synagoge. Viele und besonders die Kinder haben sich verkleidet. Hoch konzentriert muss jeder / jede der fröhlich bis dramatisch intonierten Lesung der *Megilla*-Esther folgen, denn sobald der Name »Haman« erwähnt wird, machen Kinder, Jugendliche und Erwachsene mit Ratschen oder Füße stampfend Lärm, um den bösen Namen nicht zu hören, denn den Namen sollen wir auslöschen.

Zur *Megillat*-Esther lehrt Rabbi Israel Baal Schem Tov: Wer die *Megilla* »rückwärts« liest – als bloße Schilderung von Ereignissen in der Vergangenheit –, hat den Inhalt des Purim-Festes nicht erkannt. Die Geschichte der *Megillat*-Esther in all ihren Facetten und Deutungsebenen ist vielmehr eine Anweisung für unsere Gegenwart.

Die Lesung am Schabbat Sachor, dem Schabbat vor Purim, soll uns erinnern, dass Judenhass bis heute nicht aufgehört hat, auch wenn wir beim verrückten, fröhlichen Purimfest den Sieg des jüdischen Volkes über den Nachfahren Amaleks, Haman, feiern.

Diese Tage von Purim sollen unter den Juden nicht in Vergessenheit geraten (Buch Esther 9,28).

Die jüdische Geschichte kennt Verfolgung, Demütigung, Entrechtung und Judenmord über die Jahrhunderte.

Die Shoa, der nationalistische Völkermord an sechs Millionen europäischen Juden, ist der aktuellste und grausamste Höhepunkt »amalekitischer« Gräueltaten, ist nicht die Tat eines Einzelnen, sondern hatte im Kollektiv im deutschen Machtbereich Befürworter,

Helfer und Vollstrecker gehabt, mit dem Ziel alle Juden zu ermorden.

Was will das Paradox:»Erinnere dich an Amalek!, damit die Erinnerung an Amalek ausgelöscht wird«? Du sollst dich an die Taten erinnern, doch das Andenken, an den Einzelnen-Namen, auslöschen.

Das führt mich ins Heute, zu der Berichterstattung zum rechtsextremistischen Judenhass und zu den fremdenfeindlichen Gewalttaten. Immer wieder wird meistens vom»Einzeltäter«, auch noch psychisch gestörtem Einzeltäter, berichtet. Im Prozessverlauf erfahren wir den Namen und es wird von Motiven des Täters berichtet. Selten wird von den scheinbar unsichtbaren Antreibern, zum Beispiel in der zum Teil militarisierten»Netzgemeinde«, von völkischnationalistischen und rechtsextremistischen Keimzellen für Rassismus und Judenhass, breitenwirksam aufgeklärt.

Vergesst den Namen. Zeigt auf die unterstützende Masse. Ehrt die Opfer und nennt *ihre* Namen.

Das muss erinnert werden, heute und **L'dor vador – von Generation zu Generation**.

Rabbiner Joseph Herman Hertz (1872–1946) bemerkt in seinem Torakommentar:»Amalek ist dahingeschwunden, aber sein Geist lebt noch auf Erden fort.«

In Tenachon (Die jüdischen Feste) heißt es dazu:»Obwohl in der messianischen Zeit die Idee der endgültigen Bezwingung Amaleks verwirklicht werden wird, so wird doch die Erinnerung an diesen Kampf lebendig bleiben.«[1]

---

1 Yehuda Aschkenasy / Eli Whitlau / Tzvi Marx / Marcus van Loopik (2010): *Die jüdischen Feste*. Übersetzt aus dem Niederländischen von Gernot Jonas, Uelzen.

Rolf Glaser

Erinnerungskultur »katholisch« – im Gedenken an Johann Baptist Metz

Die Vorträge, die Aleida Assmann und Michael Brumlik bei der Fachtagung im 20. Oktober 2020 im Dominikanerkloster Frankfurt (Sitz der evangelischen Stadtkirche) zur Erinnerungskultur hielten, inspirieren mich – insbesondere durch ihren Ansatz bei der Zukunftsorientierung –, mich zu vergewissern: Wie geht eigentlich Erinnerungskultur katholisch? Denn es ist ja nicht nur dem jüdischen, sondern auch dem christlichen Glauben inhärent, mit der Herausforderung umzugehen, wie ein Geschehen – auch ohne Zeitzeugen – lebendig und für die Gegenwart wie die Zukunft bedeutsam bleibt. Eigentlich ist aus dieser Problemstellung heraus das »Neue Testament« entstanden. Die Zeitzeugen starben aus, aber die Botschaft sollte als lebendige Botschaft weitergehen! Die katholische Liturgie gibt von diesem Bemühen vielfach Zeugnis, indem sie etwa in den Hochgebeten an geprägten Feiertagen betont, »**das ist heute!**«[1], und damit die lebendige Vergegenwärtigung des Geschehens betont.

---

1 So heißt es in der Weihnachtspräfation: »Er, der unsichtbare Gott ist (heute) sichtbar als Mensch erschienen; in der Präfation von Erscheinung des Herrn: Denn heute enthüllst Du das Geheimnis unseres Heiles, heute offenbarst du das Licht der Völker«; in der Präfation vom Gründonnerstag heißte es markant: »Denn in der Nacht, da er verraten wurde – das ist heute – nahm er das Brot...« Im Exultet (Gesang der Osternacht) wird immer wieder eingesetzt: »Dies ist die Nacht«, und dabei auch das Exodus-Geschehen commemoriert: »Dies ist die Nacht, die unsere Väter, die Söhne Israels, aus Ägypten befreit und durch die Fluten des Roten Meeres geführt hat. Die ist die Nacht, in der die leuchtende Säule das Dunkel der Sünde vertrieben hat.« Die ExodusLesung darf übrigens bei der Feier der Osternacht niemals fehlen!

Wovon die **Liturgie** also Zeugnis gibt, ist allerdings in der **Theologie**, insbesondere in der Dogmatik und systematischen Theologie, völlig unterbelichtet. Ihr großes Anliegen und Thema ist ja, in der Tradition, insbesondere von Thomas von Aquin und mit ihm in der Tradition der griechischen Philosophie, die Frage, wie sich Glaube und Vernunft zueinander verhalten bzw. wie sich der Glaube vor der Vernunft rechtfertigen kann: »fides quaerens intellectum.« So arbeitet sie mit Sentenzen, Thesen, systematischen Abhandlungen und – in Verbindung mit dem Lehramt – Dogmen und bedient sich dabei leider häufig einer »Steinbruch-Exegese«, d. h. auf die Bibel wird häufig durch isolierte Zitate unter argumentativen Nützlichkeitskriterien Bezug genommen, aber ihre Erzählungen nicht genügend nach ihrem eigenen Selbstverständnis befragt und auch nicht als konstitutiv für die eigene Reflexion erachtet. Gab und gibt es Alternativen?

Der Beitrag von Johann Baptist Metz

Vor zwei Jahren starb einer der im 20. Jahrhundert bedeutendsten und zeitweise auch sehr einflussreichen Theologen, Johann Baptist Metz.[2] Er hat sowohl die deutsche Theologie im zweiten Teil

---

2 J.B. Metz war federführend beim Grundsatzbeschluss der »Gemeinsamen Synode in Würzburg« (deutsches Nationalkonzil 1972–75) »Unsere Hoffnung«, darin auch die Passage »Für ein neues Verhältnis zur Glaubensgeschichte des jüdischen Volkes«, in der u. a. heißt: »Gerade wir in Deutschland dürfen den Heilszusammenhang zwischen dem altbundlichen und neubundlichen Gottesvolk, wie ihn auch der Apostel Paulus sah und bekannte, nicht verleugnen oder verharmlosen. Denn auch in diesem Sinn sind wir in unserem Land zu Schuldnern des jüdischen Volkes geworden. Schließlich hängt die Glaubwürdigkeit unserer Rede vom ›Gott der Hoffnung‹ angesichts eines hoffnungslosen Grauens wie dem von Auschwitz vor allem daran, daß es Ungezählte gab, Juden und Christen, die diesen Gott sogar in einer solchen Hölle und nach dem Erlebnis einer solchen Hölle immer wieder genannt und angerufen haben.« Gemeinsame Synode, Beschluss »Unsere Hoffnung« IV, 2, Gesamtausgabe Freiburg (Herder)

des 20. Jahrhunderts als auch die »Theologie der Befreiung« nachhaltig beeinflusst. Ihm und anderen verdanken wir die Aufnahme des Anliegens einer **»narrativen Theologie«** in den theologischen Diskurs.[3] Sie ist ein Vermächtnis auch für heute, wo es um dieses Anliegen merklich stiller geworden ist. Zentrale Stichwort sind bei ihm dabei die Kategorien »Erzählung« und »Erinnerung«.

Erzählen und Erinnern als kritische Instanzen gegenüber der historischen Vernunft

Zur Bedeutung der Erzählung sagt er:

> Eine Theologie, der die Kategorie des Erzählens abhandengekommen ist oder das Erzählen als vorkritische Ausdrucksform theoretisch ächtet, kann die eigentlichen und ursprünglichen Erfahrungen des Glaubens nur abdrängen in die Ungegenständlichkeit und Sprachlosigkeit und kann dementsprechend alle sprachlichen Ausdrucksformen des Glaubens ausschließlich als kategoriale Objektivationen, als wechselnde Chiffren und Symbole für ein Unsagbares werten.[4]

Dagegen gibt es eine Erzähltradition, die sich »dem Bann unserer vermeintlich postnarrativen Zeit entzieht« und die »einen praktisch befreienden Charakter zeigen«[5]. Dabei nimmt er auch ausdrücklich auf Beiträge von Walter Benjamin und Martin Buber Bezug. Metz geht es nicht um einen Gegensatz zwischen Erfahrung und Vernunft. Allerdings tritt er einer kritischen Rekonstruktion historischer

---

1976, S. 109; siehe auch J. B. Metz, Gesammelte Schriften, Freiburg/Brsg. (Herder) 2017 (im Folgenden zitiert als Metz, GS), Bd. 6/2, S. 275.

3   Erstmals führt er dies 1973 in der Zeitschrift *Concilium* »kleine Apologie des Erzählens«, Conc 5/1973, S. 334–341 aus (vgl. Metz, GS, 3/1, S. 95–234); siehe auch ebd., H. Weinrich, »Narrative Theologie«, S. 329–334.

4   Metz, a.a.O., S. 335.

5   Ebd.

Vernunft entgegen, in deren Folge die Vergangenheit einfach nur vergangen ist und die »Inaktualität der Gewesenen« einfach nur befestigt und besiegelt wird.[6] Erzählen und Erinnern ist eine

> kritische Instanz gegenüber einer historischen Vernunft, die selbst immer mehr zu einer nach rückwärts gewandten Technologie wird und die schließlich auf eine in der Datenbank sortierte »Geschichte« hinausläuft und auf Computer-Gedächtnis, das ohne jede Narrativität ist und das weder ein Erinnern noch ein Vergessen kennt.[7]

Die erzählende Tiefenstruktur der Erinnerung nach Metz

Die Kategorie, die die erzählende Tiefenstruktur in sich aufnimmt, ist die Kategorie der Erinnerung.

Sie ist »Grundkategorie praktisch-kritischer Vernunft«.[8] Hier ist Metz vor allem an den »gefährlichen Erinnerungen« interessiert, gefährlich, weil sie als erinnerte Leidensgeschichte »den Bann einer totalen Rekonstruktion der Geschichte durch abstrakte Vernunft durch(stoßen).«[9]

Als »gefährliche Erinnerung« ist Erinnerung nicht resignativer oder rückwärtsgewandter Gegenbegriff zur Hoffnung, sondern ganz im Gegenteil »die in ihrer geschichtlichen und gesellschaftlichen Vermittlung ausgearbeitete Gestalt von eschatologischer Hoffnung«.[10] Als Solidarität nach rückwärts ist sie »Erinnerungssolidarität mit den Toten und Besiegten, die den Bann einer – evolutionistisch oder dialektisch gedeuteten – Geschichte als Siegergeschichte bricht«.[11]

---

6   a.a.O., S. 340.
7   Ebd.
8   J.B. Metz, GS, Bd. 3/1, Freiburg/Brsg. (Herder) 2016, S. 195.
9   Concilium, a.a.O., S. 341.
10 Metz, GS, a.a.O., S. 195.
11 Ebd.

Als Leidenserinnerung ist sie Kategorie »zur Rettung von Identität« und »der Unterbrechung« im Sinne des Widerstandes gegen den (evolutionistisch gedeuteten) »Fluß der Zeit«.[12] Indem sie Traditionen erinnert, in denen das Interesse an Freiheit entstand, ist sie Freiheitserinnerung. Gerade als Leidenserinnerung ist sie Orientierung für freiheitbezogenes Handeln. Als erzählte Freiheitsgeschichte ist sie »nicht **Gegenstand**, sondern **Voraussetzung** jeder kritischen Rekonstruktion von Geschichte durch argumentative Vernunft«.[13] Als erinnernde Leidensgeschichte geschieht sie »in gefährlichen Geschichten, in denen sich das Interesse an Freiheit selbst erzählend einführt, identifiziert und – präsentiert«.[14] In diesem Zusammenhang spricht Metz vom »kognitiven Primat erzählter Erinnerung«.

Leidensgeschichte und Theodizee-Frage

Erinnernde Leidensgeschichte ist für Metz Erinnerung an die Leidens- und Katastrophengeschichten unserer Zeit. Für das Christentum stellt sich damit die »Frage nach der Bedrohung seiner Hoffnung durch das Dunkel der menschlichen Leidensgeschichte, das gerade heute das Christentum in einer bislang unbekannten Dramatik vor die Gottesfrage als Theodizee-Frage stellt«.[15] Wie überhaupt von Gott zu reden angesichts der abgründigen Leidensgeschichte der Welt? Die Frage darf weder eliminiert, noch überbeantwortet werden. Es gibt keine alles versöhnende Antwort, sondern die Frage selbst muss als eschatologische Frage erhalten bleiben. Es muss immer wieder nach einer Sprache gesucht werden, um die Frage selbst wachzuhalten, um sie unvergesslich zu machen. Sie ist

---

12 a.a.O., S. 196.
13 a.a.O., S. 207.
14 a.a.O., S. 209.
15 Metz GS, Bd. 4, Freiburg/Brsg. (Herder) 2017, S. 19.

zugleich die elementare Frage nach der Zukunft des Menschen bzw. nach einem rettenden Gedächtnis für deren Zukunft.[16] Von der Katastrophengeschichte unserer Zeit kann, so Metz, nicht angemessen gesprochen werden, ohne von Auschwitz zu reden. Von Auschwitz reden, bedeutet dabei kein Ausblenden anderer Leidensgeschichten, sondern es zeigt diese in seiner abgründigen Einmaligkeit wie in einem Brennglas. Auschwitz ist für Metz ein Zeitzeichen, eines der Zeichen der Zeit, die zu erkennen das Zweite Vatikanische Konzil anmahnt. Freilich spricht er angesichts drohenden Erinnerungsverlustes von einem »unzeitgemäßen« Zeitzeichen.[17]

»Nach Auschwitz«

Was heißt es, fragt Metz, unsere Situation als eine Situation, nach Auschwitz wahrzunehmen oder zu kennzeichnen? Dabei sieht er die Gefahr, auf diese Frage zu geistreich oder zu originell zu antworten und sich ihr zugleich in aller Radikalität zu stellen. Metz sagt dazu:

Es darf einem, auch und gerade als christlichem Theologen, dazu nicht viel einfallen. Mir ist zur Kirche und zum Christsein nach Auschwitz zunächst eigentlich immer nur eines eingefallen... (er erinnert dabei an eine Podiums-

---

16 Vgl. a. a. O., S. 20f.

17 »Von diesem unzeitgemäßen Zeitzeichen soll hier die Rede sein, damit für das kirchliche Leben der Christen nicht zutrifft, was E. Wiesel – nicht denunziatorisch, eher mit einem Anflug von Trauer – so formuliert hat: ›Gestern hieß es: Auschwitz, nie gehört‹; heute heißte es: ›Auschwitz, ach ja, ich weiß schon.‹ Wissen wir es wirklich? Wissen wir, was durch Auschwitz geschah, mit uns geschah, mit unserem Geist des Christentums und unserer oft so vergesslichen, oft so geschmeidigen Rede von Gott und Welt? Vom gleichen E. Wiesel stammt der für christliche Ohren ungeheuerliche Satz: ›Der nachdenkliche Christ weiß, dass in Auschwitz nicht das jüdische Volk gestorben ist, sondern das Christentum (Hervorhebung R. G.).‹ Wir werden diesem Satz nur standhalten können, wenn wir die Erfahrungen, aus denen er stammt, nicht in den Wind schlagen.« Metz, a.a.O., S. 47; siehe zu Ganzen auch J.B. Metz, GS, 6/2, S. 267–295.

diskussion zwischen ihm, Karl Rahner und Milan Machovec, R.G.) Gegen Ende des Gesprächs erinnerte Machovec an Adornos Wort – »nach Auschwitz gibt es keine Gedichte mehr« –, und er fragte mich, ob es denn für uns Christen nach Auschwitz noch Gebete geben könne. Ich habe schließlich geantwortet, was ich auch heute antworten würde: Wir können nach Ausschwitz beten, weil auch in Auschwitz gebetet wurde – im Gesang, im Geschrei der jüdischen Opfer.[18]

Dabei warnt Metz ausdrücklich davor, den Holocaust »aus der christlichen Kausalität herauszunehmen«,[19] indem man ihn als rein nationalsozialistisches Verbrechen oder nur als Resultat des »deutschen Geistes« bezeichnet. Ebenso warnt er davor, »Auschwitz zu einem Typ oder Symbol für alle möglichen drohenden oder tatsächlichen Katastrophen in der Welt« (zu machen, R.G.) und zu vergessen »dass die Allgemeingültigkeit der jüdischen Tragödie, des Holocaust, gerade in seiner Unübertragbarkeit, in seiner Einmaligkeit und Unvergleichlichkeit liegt«.[20]

Christliche Identität nur *mit* den Opfern und nur *mit* den Juden

Metz berichtet vom Schrecken, den Auschwitz in seiner theologischen Biographie signalisiert, »einen Schrecken, der jede situationsfreie Rede von Gott leer und blind erscheinen lässt. Gibt es denn, so fragte ich mich, einen Gott, den man mit dem Rücken zu solch einer Katastrophe anbeten kann?«[21] Für Metz gibt es kein hinter Auschwitz zurück und **nur noch mit den Opfern** über ein Auschwitz hinaus.

---

18 Metz, a.a.O., S. 48, vgl. auch Metz, GS, S. 167–181 (Christen und Juden nach Auschwitz. Auch eine Betrachtung über das Ende bürgerlicher Religion).
19 Metz, GS, Bd. 6/2, S. 274.
20 Ebd.
21 Metz, i.A., S. 49.

Daraus folgt, so Metz, »die Einsicht in die glaubensgeschichtliche Abhängigkeit von den Juden, weil sich Christen in ihrer Identität nicht mehr ohne sie und erst gar nicht gegen sie verstehen und definieren dürfen«.[22] Dazu braucht es eine »anamnetische Kultur«. Dabei macht er sich keine Illusion, dass Auschwitz für viele, auch für viele Christen, im Banne einer kulturellen Amnesie längst aus dem Gedächtnis entschwunden ist. Aber, so Metz, die Gottesfrage, in der Gestalt der Theodizee-Frage, ist es, die uns, sobald wir uns ihr stellen, niemals mehr von Auschwitz loskommen lässt.[23] Gott ist dabei von ihm nicht als zeitlose Jenseitigkeit, sondern als das der Zeit zukommende, das sie befristende Ende gedacht. Der Preis: Auch die christliche Theologie kann den apokalyptischen Schrei: »Wo bleibt Gott?«, nicht aus ihrer Schöpfungslehre streichen. Auch die christliche Theologie kann die Rückfrage Ijobs an Gott: »Wie lange noch?«, nicht in einer beruhigenden Antwort verstummen lassen.

»Compassion« als Antwort auf die Gotteskrise

So bildet die »Gotteskrise« einen Schwerpunkt und durchgehenden Grundzug in seinem theologischen Werk. Die Christen und die Kirche können sich dieser Krise nur in der tätigen Haltung einer »Compassion« (Metz prägt dafür den deutschen Begriff »Mitleidenschaftlichkeit«) im Rahmen einer politischen Theologie stellen, was zugleich ihr Auftrag ist.[24]

---

22 Metz, a. a. O., S. 51.
23 Vgl. Metz, a. a. O., S. 52.
24 All das kann in diesem Zusammenhang nur verweisend skizziert werden; siehe dazu J. B. Metz, GS, Bd. 1, S. 253–267.

»Der Rekurs auf diese Compassion, auf diese politische Empathie ist keineswegs von Resignation oder Evasion gekennzeichnet. Er hat nichts zu tun mit einem religiös motivierten Narzissmus. Diese Compassion schickt vielmehr an die Front der politischen, der sozialen und kulturellen Konflikte der heutigen Welt. Denn fremdes Leid wahrzunehmen und zur Sprache zu bringen, ist die unbedingte Voraussetzung aller künftigen Friedenspolitik, aller Formen sozialer Solidarität angesichts des eskalierenden Risses zwischen arm und reich und aller verheißungsvollen Kommunikation der Kultur- und Religionswelten.[25]

Damit beantwortet er natürlich noch nicht die Frage, wie eine Erinnerungskultur jenseits von Glaube und Kirche, also jenseits dieses jüdisch-christlichen Begründungszusammenhangs, ins Werk gesetzt werden kann. Hinweise dazu gibt er in seinem Artikel »Für eine anamnetische Kultur«,[26] deren privilegierte Träger für Metz der jüdische Geist ist und bleibt, die der Spurensuche und Pflege bedarf und in der die Geisteswissenschaften, Literatur und Kunst sowie die Anknüpfung an interkulturellen Erfahrungen eine wichtige Rolle spielen. Aber der Begriff »Compassion« lässt sich sicher auch in einem säkularen Umfeld fruchtbar machen. Metz selbst spricht sich für ein globales Ethos der Compassion aus, deren innere Autorität die Autorität der unschuldig und ungerecht Leidenden ist.[27]

Das Erbe der Zeitzeugen und die Nachgeborenen

Wir stehen schließlich vor der Grundfrage, wie eine Erinnerungskultur »nach Auschwitz« gesamtgesellschaftlich aussehen kann, wenn in einigen Jahren die Zeitzeugen allesamt gestorben sein werden. Damit komme ich zum Anfang zurück. Im Sinne von Metz

---

25 Metz, GS 1, S. 260.
26 Vgl. Metz, GS 6/2, S. 292–295.
27 Vgl. Metz, GS 4, S. 163.

wird es – über die Dokumentation von Zeitzeugenberichten hinaus – nötig sein, ein entsprechendes Narrativ oder auch viele Narrative zu finden, die es erlauben, dass auch in Zukunft Menschen zu der lebendigen Vergegenwärtigung des Geschehens kommen und so das Vermächtnis der Zeitzeugen weiterführen, so gut es geht.

Es braucht jedenfalls eine gesellschaftliche Erinnerung, die auch zu einer gesamtgesellschaftlichen »Compassion« führt, die nicht nur »Datenbank« ist, sich auch nicht in begrifflicher Auseinandersetzung mit dem unfassbaren Geschehen oder im Ritual von Gedenkveranstaltungen erschöpft, so notwendig beides auch ist und keinesfalls diskreditiert werden darf. Vielmehr gilt es, eine Erzähltradition der Nachgeborenen ins Werk zu setzen und weiterzuführen, die »nach Auschwitz« als »gefährliche Erinnerung« der nicht-vergangenen Vergangenheit Zukunft eröffnet. Dafür braucht es Träger*innen dieser Erinnerung, die sie sich in der Auseinandersetzung mit den Ereignissen zum eigenen Ding machen. Es braucht Menschen, die sich vom gewesenen Leid und Schrecken anrühren lassen und es so zur nicht-vergangenen Vergangenheit machen, die Zukunft eröffnet. Um sie zu finden und gewinnen, braucht es Formate, auf die es sich zu konzentrieren gilt!

Melanie Lohwasser

Erinnerungskultur definieren

Vorbei ist nicht vorüber.
Elias Canetti

1. Definition Erinnerungskultur

»Erinnern« und »gedenken« sind weitgehend als synonyme Begriffe zu verstehen, wobei »gedenken« von der Wortbedeutung her als »ehrendes, anerkennendes Erinnern« verstanden wird (vgl. Duden). »Erinnern« ist somit das Wort mit der »offeneren« und »weitgefassteren« Bedeutung.

Vor allem in und durch die Kulturwissenschaft hat sich der Begriff der »Erinnerungskultur« seit den 1990er Jahren zu einem Leitbegriff entwickelt. Erinnerungskultur vollzieht sich

in allen Formen des kollektiven Gedächtnisses, im geschichtswissenschaftlichen Diskurs, aber auch in privaten Erinnerungen. Träger der Erinnerungskultur können Individuen, soziale Gruppen sowie Staat und Nation sein. (Christoph Cornelißen, zit. n.: wikipedia.org/wiki/Erinnerungskultur)

Die Stärke des Begriffs »Erinnerungskultur«, nämlich seine Offenheit, hat zugleich auch eine Problematik – so ist stets zu definieren, über welche Form der Erinnerungskultur gesprochen wird. Aufgrund dieser Problematik differenziert Aleida Assmann den Begriff Erinnerungskultur und benennt dabei als »**ethische Erinnerungskultur**« jene Erinnerungskultur, die sich auf das »negative Gedächtnis«, die Erinnerung und Auseinandersetzung mit Staats- und

Gesellschaftsverbrechen, bezieht. Diese Erinnerungskultur ist durch die Anerkennung der eigenen Schuld entstanden und integriert in besonderer Weise die Opferperspektive (Aleida Assmann, Das neue Unbehagen an der Erinnerungskultur, 32–33, 208).

In Deutschland ist die Erinnerungskultur an die Shoah aufgrund des Umfanges, der Einzigartigkeit sowie der ethischen Dimension der Shoah von zentraler Bedeutung (vgl. wikipedia.org/wiki/Erinnerungskultur).

2. Biblisch-theologische Grundlagen des Erinnerns: *Und gedenke des ganzes Weges, den dich der Herr, dein Gott, geleitet hat* (Dtn 8,2; Lutherübersetzung 2017)

זכֹר. »Gedenke«, diese Aufforderung zieht sich durch die gesamte Bibel. Dabei ist das Gedenken an Gottes Heilstaten wie an erlittenes Leid biblisch stets ein *vergegenwärtigendes* Erinnern: Biblisches Erinnern holt die Vergangenheit in die Gegenwart hinein und lässt sie so präsent werden. Somit prägt das biblische Erinnern die Gegenwart mit und gestaltet die Zukunft (vgl. u. a. Nikolaus Schneider, Gedenken – Erinnerungen für die Zukunft, www.ekd.de/20140625rvjohannisempfgang.ht).

Vergegenwärtigendes Erinnern ist fester Bestandteil der jüdischen wie der christlichen Religion. So ist die christliche Kirche als **Erinnerungsgemeinschaft** zu verstehen: Das vergegenwärtigende Erinnern, in jedem Gottesdienst, besonders aber auch in der Feier des Abendmahles, ermöglicht erst die von Gott her veränderte Gegenwart und Zukunft (vgl. www.erinnerungskultur-ekbo.de).

3. Die Rolle der Kirche für die Erinnerungskultur

Es ist ein Wesensmerkmal und eine bleibende Aufgabe der Erinnerungsgemeinschaft Kirche, die Erinnerungskultur prägend mitzugestalten aufgrund:

- ihrer Theologie: Besonders durch das in der gesamten Bibel bezeugte und somit für das Christentum grundlegende Vertrauen, dass das vergangene (Heils-) Handeln Gottes zu vergegenwärtigen ist und Zukunft erst ermöglicht.
- ihres Menschenbildes: Die Würde jedes einzelnen Menschen ist in der Gottesebenbildlichkeit begründet. Die Erinnerung an die Verstorbenen und der Rückblick auf ihr einmaliges Leben ist deshalb eine zentrale Aufgabe in der christlich-jüdischen Tradition.
- ihrer Ritualkompetenz: Aufgrund derer die Kirche seit jeher Erinnerungskultur gestaltet. Auch in der säkularen Gesellschaft ist die Ritualkompetenz der Kirche notwendig, deshalb wird auch immer wieder auf sie zurückgegriffen: Das zeigt sich gegenwärtig besonders auch im Erinnern an die an Covid-19 verstorbenen Menschen.
- ihrer tiefen Einsicht und Reflexion der eigenen Schuldfähigkeit und Schuldverstrickung: Das Wissen und die Reflexion der eigenen Schuld sind für das christliche Menschenbild prägend. Im evangelischen Glauben kommt es besonders auch in Martin Luthers Rechtfertigungslehre zum Tragen.
Die Reflexion der eigenen Schuld ist ein stetiger Prozess, bei dem immer wieder neu nach den eigenen blinden Flecken zu fragen ist. Aus diesem selbstkritischen Reflexionsprozess ergibt sich ein auf die Zukunft ausgerichtetes Engagement gegen Antisemitismus, Rassismus und gruppenbezogene Menschenfeindlichkeit.[1]

---

1 Für diesen selbstkritischen Prozess sind auch Erkenntnisse des jüdisch-christlichen Dialogs von zentraler Bedeutung, vgl. EKHN-Grundartikel-Erweiterung (imdialog. org) und 2016-11-Erklarung_Stadtsynode.pdf (efo-magazin.de).

- ihrer gesellschaftlichen Rolle: Stellvertretend für und mit anderen gestaltet die Kirche öffentliches Erinnern. Dabei arbeitet die Kirche auf vielen Ebenen mit politischen und zivilgesellschaftlichen Organisationen und Institutionen zusammen.
- ihrer Rolle im interreligiösen Dialog: Gemeinsam mit anderen Religionsgemeinschaften prägt die Kirche die religiöse und reflektierende Dimension der Erinnerungskultur entscheidend mit. Das zeigt sich unter anderem in Aktionen zur Erinnerung an das aus rassistischen Motiven begangene Attentat in Hanau vom 19. Februar 2020 oder an dem jährlich aus Anlass der Novemberpogrome stattfindenden christlich-jüdischen Gedenkgang »Im Gehen erinnern«.

4. Formen von Erinnerungskultur

Erinnerungskultur vollzieht sich an besonderen Orten wie Gedenkorten, Denkmälern und Friedhöfen, zu besonderen Zeiten wie Gedenk- und Feiertagen und zu besonderen Anlässen; hiermit ist das Erinnern aus aktuellem Anlass etwa wegen einem Anschlag oder einem Unfall gemeint oder aber das Gedenken einer Schulgemeinde an einen verstorbenen Schüler oder eine verstorbene Schülerin. Wie sich an den Beispielen unten zeigt, prägt die evangelische Kirche, gerade auch im Stadtdekanat Frankfurt und Offenbach, die Erinnerungskultur in jeder dieser Erscheinungsformen prägend mit.

Durch ihr großes Engagement und ihre prägende Mitgestaltung einer ethischen, selbstkritischen und emphatischen Erinnerungskultur stärkt die evangelische Kirche das friedliche Zusammenleben in den multikulturellen Städten Frankfurt und Offenbach und lässt ein kollektives Gedächtnis entstehen, in dem sich jede und jeder wiederfinden kann. Eine solch gelebte Erinnerungskultur kann nur interreligiös und interkulturell verwirklicht werden. In diesem Sinn schafft

Erinnerungskultur unterschiedliche Koalitionen in der Stadtgesellschaft und schafft echte Beheimatung.

5. Selbstverpflichtung der Evangelischen Kirche in Frankfurt und Offenbach

Die Evangelische Kirche in Frankfurt und Offenbach sieht die Notwendigkeit, sich zukünftig noch stärker im Bereich der Erinnerungskultur zu engagieren. Deshalb soll 2022 eine Dekanatssynodalerklärung verfasst werden, in der sie sich stärker verpflichtet:

- Die Erinnerkultur durch eine gute Öffentlichkeitsarbeit zu stärken.
- Sich als Kirche noch stärker zivilgesellschaftlich einzubringen, um die Erinnerungskultur in den Städten Frankfurt und Offenbach zu fördern und weiterzuentwickeln.

6. Ausgewählte Beispiele der gelebten Erinnerungskultur in und mit der Evangelischen Kirche in Frankfurt und Offenbach

Besondere Orte

- Platz der vergessenen Kinder (Maria-Magdalena-Gemeinde, Pfr Volker Mahnkopp),
- Gedenktafel am Eingang des Frankfurter Südbahnhofes, von wo aus im Zuge der Novemberpogrome 3.155 jüdische Bürgerinnen und Bürger Frankfurts in Konzentrationslager deportiert wurden (Dreikönigsgemeinde, Pfrin Silke Alvers-Christe),
- Gedenkplatte an die Zerstörung der Frankfurter Altstadt im März 1944,

- Gedenkplatte an die Bücherverbrennung am 10. Mai 1933 auf dem Römerberg,
- Auschwitzmahnmal an der Paulskirche,
- Börneplatzmahnmal zur Deportation Frankfurter Juden (Ev.-luth. St. Paulsgemeinde und Stadtkirchenarbeit des Dekanats an der Alten Nikolaikirche, Pfrin Braunberger-Myers),
- Mahnmal an die deportierten Bewohnerinnen und Bewohner der ersten Budge-Stiftung (Henry und Emma Budge-Stiftung),
- Hinweis auch auf Film zu Erinnerungsorten https://www.youtube.com/watch?v=MJdmwN0fY_4,
- Grab Sternenkinder Hauptfriedhof (Erinnerung an früh verstorbene Kinder).

Besondere Zeiten

- Ewigkeitssonntag / Totensonntag (auch Musikalische Andacht auf dem Hauptfriedhof, Pfr. Reiner Haberstock).
- Volkstrauertag.
- Erinnerungsgottesdienst an früh verstorbene Kinder (Pfrin Elisabeth Knecht, ökumenischer Gottesdienst).
- Gedenkaktion zum Novemberpogrom 1938 »Im Gehen erinnern«, an dieser beteiligen sich die Jüdische Gemeinde Frankfurt sowie das Katholische und das Evangelische Stadtdekanat und die GCJZ Frankfurt.
- Gedenken an die Zerstörung der Frankfurter Altstadt am 22. März 1944 (Pfrin Andrea Braunberger-Myers, St. Paulsgemeinde und Stadtkirchenarbeit des Dekanates, ev. und kath. Stadtdekanat).
- 24. April – Gedenktag an den Genozid an den Armeniern. Zentrale Gedenkfeier anlässlich des Gedenktages für die Opfer des Genozids an den Armeniern im Osmanischen Reich normalerweise im April in der Paulskirche (letztmalig am 27. April 2019 in der Paulskirche);

Online unter: http://zentralrat.org/de/termine
(Ansprechpartner ist Samwel Lulukjan +49 151 27056297)
- Holodomor (Famine-Genocide of 1932–33) Gedenken im November.
Holodomor-Tag jährlich am vierten Samstag im November. Gedenk-
feier im Frankfurter Dom zuletzt am 15. November 2018, Ansprech-
partner Priester Petro Bokanov priester.petro.bokanov@gmail.com;
Der Begriff *Holodomor* (ukrainisch Голодомор, wörtlich: »Tötung
durch Hunger«) bezeichnet die Hungersnot in der *Ukraine 1932–33*
(Pfarrer Michael Mehl).

Besondere Anlässe

- Mitwirkung und Mitgestaltung der Kirche an der Entstehung von
»spontanen Gedenkorten« und Gedenkfeiern aufgrund aktueller An-
lässe: unter anderem dem Attentat in Hanau am 19. Februar 1920.
- Ökumenische Andacht, nachdem ein Kind bei einer Attacke auf
dem Frankfurter Hauptbahnhof am 29. Juli 2019 vor einen Zug
gestoßen wurde.
- Mitwirkung und Mitgestaltung der Kirche am Gedenken für an
Corona verstorbene Menschen am 18. April 2021
(Pfarrerin Silke Peters, ev. und kath. Stadtdekanat).

Micha Brumlik

Menschenwürde im Kontext einer Kultur der Erinnerung

Perspektiven aus dem Judentum

Einleitung

Der ökonomisch und technisch unabweisbare, politisch noch kaum gestaltete Prozess der Globalisierung hat – nicht zuletzt kraft der Medien – ein auch den Subjekten zugängliches Wissen von der Einheit des Menschengeschlechts geschaffen, das welthistorisch seinesgleichen sucht. Die Frage nach den Tugenden, die Menschen, die in dieser globalisierten Welt überleben, leben und einander beistehen wollen, benötigen, ist indes noch kaum beantwortet, der von Friedrich Nietzsche geprägte Begriff der »Fernstenliebe« noch weitgehend ungeklärt.[1] Zugleich stellt der globale Raum, das beweist der Blick in die tägliche Zeitung, alles andere als eine befriedete Welt dar. Vielmehr gilt ungebrochen, was Theodor W. Adorno und Max Horkheimer bereits 1947 feststellten: »Aber die vollends aufgeklärte Erde strahlt im Zeichen triumphalen Unheils.«[2]

Im Folgenden wird vorausgesetzt, dass weltbürgerliches Bewusstsein und weltbürgerliche Bildung auf eine kognitiv und motivational verankerte Einsicht in das Leiden der Fernsten angewiesen ist, auf eine Einsicht in das Leiden jener, die kaum in den Blick

---

1 *Friedrich Nietzsche*, Also sprach Zarathustra, KSA 4, München 1988, 77f.
2 *Max Horkheimer/Theodor W. Adorno*, Dialektik der Aufklärung, Frankfurt a. M. 1981, 7.

des natürlichen Altruismus kommen.[3] Derlei altruistische Haltungen[4] im Sinne der Fernstenliebe können als Voraussetzungen für die allmähliche Institutionalisierung einer »Demokratie im Zeitalter der Globalisierung«[5] gelten. Menschenrechtliche Bildung angesichts der Verletzung menschlichen Lebens und menschlicher Würde wäre demnach eine – freilich wesentliche – Voraussetzung zur Herstellung internationaler Rechtsverhältnisse. Die Ausbildung derartiger Haltungen scheint indes auf eine Kultur des Erinnerns und Gedenkens – auch und gerade in globaler Perspektive – nicht verzichten zu können. Das hat sich seit längerem auch den politischen Führungen mindestens der westlichen Welt eingeprägt. So versammelten sich vor bald fünfzehn Jahren, zur Jahreswende 2000/2001, in Stockholm auf Einladung des schwedischen Staates Vertreter von vierzig Staaten, um über humane Werte im globalen Zeitalter vor dem Hintergrund eines in vielen europäischen Ländern wieder erstarkten Rassismus zu diskutieren und dabei die allfälligen Lehren aus dem »Holocaust«, d. h. aus der industriellen Massenvernichtung der europäischen Juden durch das nationalsozialistische Regime und weite Teile der damaligen deutschen Bevölkerung, zu ziehen. Die maßgeblich von dem israelischen Historiker Jehuda Bauer verfasste Abschlusserklärung des »Stockholm International Forum on the Holocaust« vom Jahresende 2000 stellt fest:

»Da die Menschheit immer noch an den Wunden des Völkermordes, der ethnischen Säuberung, des Rassismus und des Fremdenhasses leidet, teilt die internationale Gemeinschaft die schwerwiegende Verantwortung, das Böse zu bekämpfen. […] Wir sind«, so schließt

---

3 *Alphonso Lingis*, The community of those who have nothing in common, Bloomington 1994; *Nigel Dower*, World Ethics. The New Agenda, Edinburgh 1998; *Micha Brumlik*, Gerechtigkeit zwischen den Generationen, Berlin 1995, 89 f.; *Ders.*, Bildung und Glück. Versuch einer Theorie der Tugenden, Berlin 2002, 82 f.

4 *Kristen R. Monroe*, The Heart of Altruism – Perception of a Common Humanity, New Jersey 1996.

5 *Otfried Höffe*, Demokratie im Zeitalter der Globalisierung, München 1999.

dieses Dokument, »verpflichtet, uns der Opfer, die umgekommen sind, zu erinnern, die Überlebenden, die noch unter uns weilen, zu respektieren und das der Menschheit gemeinsame Streben nach gegenseitigem Verständnis und Gerechtigkeit zu betonen.«[6]

Mit dieser Erklärung hat sich eine Reihe von Staatschefs nicht nur der EU dazu verpflichtet, in ihren Ländern pädagogische Bemühungen mit dem Ziel in Gang zu bringen, Fremdenhass, Rassismus und Antisemitismus einzudämmen. Die massenhafte Vernichtung der europäischen Juden durch das nationalsozialistische Deutschland soll so einem zukunftsgerichteten Zweck dienen. Damit wird die kollektive und individuelle Erinnerung an ein ebenso herausragendes wie grauenhaftes zeitgeschichtliches Ereignis zum Mittel, einer friedlicheren, gerechteren und demokratischen Welt den Weg zu bereiten. Freilich ist nicht davon auszugehen, dass die Kenntnis dieses Verbrechens unter den jeweiligen Bevölkerungen über undeutliche, ungenaue Fragmente hinausgeht – wie überhaupt historisches Wissen weder bei Erwachsenen noch gar bei Kindern und Jugendlichen vorausgesetzt werden kann. Damit kommt der Pädagogik eine besondere Rolle für die Vergegenwärtigung von Geschichte zu.[7] Die im Dokument von Stockholm ausgesprochene Verpflichtung hat auch die innere Struktur der deutschen Gedenkkultur und damit des deutschen Nachkriegsbewusstseins verändert. Der Verfasser einer vor dem 11. September 2001 erschienenen Studie zur deutschen Vergangenheitsbewältigung diagnostiziert, dass gegenwärtig, da die Massenvernichtung der europäischen Juden zum zentralen Thema einer weltgesellschaftlichen Erinnerungskultur wird, eben das eintritt, was während des Historikerstreits noch erbittert bekämpft wurde: die unwiderrufliche Historisierung der nationalsozialistischen Vergangenheit. Globalisierung und

---

6   Zitiert nach *Daniel Levy/Natan Sznaider*, Erinnerung im globalen Zeitalter: Der Holocaust, Frankfurt a. M. 2001, 213.

7   Vgl. *Magne Angvik/Bodo von Borries*, Youth and History, Hamburg 1997.

Historisierung gehen so Hand in Hand: Mit dem wachsenden zeitlichen Abstand zu den Mordtaten wächst ihre geographische Bekanntheit.[8] So entsteht ein Paradox: Es war gerade die intensive Auseinandersetzung mit der Massenvernichtung, die in Deutschland dazu geführt hat, dass alle Verbrechen offen zu Tage liegen und ihrer Eingliederung in die Geschichte nichts mehr im Wege steht. Die weltgesellschaftliche Indienstnahme von »Auschwitz« nimmt der Massenvernichtung endlich über die Stationen nicht nur der deutschen, sondern auch einer globalisierten Erinnerungskultur ihre Einzigartigkeit. In diesem Sinn ließe sich – wie in der Abschlusserklärung des »Stockholm International Forum on the Holocaust« vom Jahresende 2000 – festhalten, dass die Erinnerung an den Holocaust zu einem zentralen Thema, jedenfalls der westlichen Zivilisation, geworden ist:

> Der Holocaust (Shoah) hat die Fundamente der Zivilisation in ihren Grundlagen herausgefordert. Der beispiellose Charakter des Holocaust wird immer eine universale Bedeutung haben.[9]

Die industrielle Massenvernichtung der europäischen Juden dient gemäß der »Erklärung von Stockholm« gleichsam als Negativfolie, als unüberbietbares Extrembeispiel für die Verletzung der Würde des Menschen, als ein Extrembeispiel, an dem drastisch sichtbar und fühlbar wird, wohin blinder Partikularismus und eine entfesselte, von aller ethischen Bindung gelöste Sozialtechnik führen kann. So wie das deutsche Grundgesetz aus der Erfahrung des Nationalsozialismus die Prinzipien einer moralisch verantworteten Demokratie entfaltet, soll es in Zukunft darauf ankommen, auf und aus der Erziehung über Auschwitz eine Bildung zu den Menschenrechten zu

---

8 *Michael Jeismann*, Auf Wiedersehen Gestern. Die deutsche Vergangenheit und die Politik von morgen, Berlin 2000.

9 *Sznaider/Levy*, Erinnerung, 212.

entwickeln. Dabei kommt dem Begriff der »Würde des Menschen« eine zentrale Rolle zu.

Es war die kosmopolitische Philosophie der deutschen Aufklärung, zumal Immanuel Kants, die die nach dem Nationalsozialismus geschaffene deutsche Verfassung, das Grundgesetz wesentlich geprägt hat. Als oberstes Prinzip der Tugendlehre weist Kant in der *Metaphysik der Sitten* folgendes aus:

> Nach diesem Prinzip ist der Mensch sowohl sich selbst als andern Zweck und es ist nicht genug, dass er weder sich selbst noch andere bloß als Mittel zu brauchen befugt ist, sondern den Menschen überhaupt sich zum Zwecke zu machen, ist des Menschen Pflicht.[10]

Einen Menschen als Zweck seiner selbst zu betrachten, bedeutet, ihn in mindestens drei wesentlichen Dimensionen nicht nur zur Kenntnis zu nehmen, zu tolerieren, sondern auch anzuerkennen, d. h. nicht nur hinzunehmen, sondern zu bejahen in der Dimension körperlicher Integrität, personaler Identität und soziokultureller Zugehörigkeit. Dieser Anerkennung korrespondiert ein Demütigungsverbot. Das Demütigungsverbot aber bezieht sich auf die »Würde« eines Menschen. Diese »Würde« eines Menschen ist der äußere Ausdruck seiner Selbstachtung, also jener Haltung, »die Menschen ihrem eigenen Menschsein gegenüber einnehmen, und die Würde ist die Summe aller Verhaltensweisen, die bezeugen, dass ein Mensch sich selbst tatsächlich achtet.«[11] Diese Selbstachtung wird verletzt, wenn Menschen die Kontrolle über ihren Körper genommen wird, sie als die Person, die sie sprechend und handelnd sind, nicht beachtet oder ernst genommen bzw. wenn die Gruppen oder sozialen Kontexte, denen sie entstammen, herabgesetzt oder verächtlich

---

10 *Immanuel Kant*, Die Metaphysik der Sitten, in: Ders., Werke. Bd. 7, Darmstadt 1968, 526.

11 *Avishai Margalith*, Politik der Würde, Berlin o. J., 72.

gemacht werden. Die Verletzung dieser Grenzen drückt sich bei den Opfern von Demütigungshandlungen als Scham aus.[12] Es gibt eine absolute Scham, in der deutlich wird, dass nicht nur die Würde des Menschen, sondern zugleich seine Menschheit verletzt worden ist. In Primo Levis kristallklarem und nüchternem Bericht über seine Lagerhaft wird den Erfahrungen absoluter Entwürdigung Rechnung getragen; der Ausdruck von der »Würde des Menschen« bzw. der »Würde des Menschen« gewinnt vor der Kulisse von Auschwitz eine gebieterische und einleuchtende Kraft:

So notiert Levi für den 26. Januar 1944, einen Tag vor der Befreiung des Lagers:

> Mensch ist wer tötet, wer Unrecht zufügt oder erleidet; kein Mensch ist, wer jede Zurückhaltung verloren hat und sein Bett mit einem Leichnam teilt. Und wer darauf gewartet hat, bis sein Nachbar mit Sterben zu Ende ist, damit er ihm ein Viertel Brot abnehmen kann, der ist, wenngleich ohne Schuld, vom Vorbild des denkenden Menschen weiter entfernt als der roheste Pygmäe und der grausamste Sadist.

Unter diesen Bedingungen schwindet dann auch die natürliche Neigung zur Nächstenliebe. Levi fährt fort:

> Ein Teil unseres Seins wohnt in den Seelen der uns Nahestehenden: darum ist das Erleben dessen ein nicht-menschliches, der Tage gekannt hat, da der Mensch in den Augen des Menschen ein Ding gewesen ist.[13]

Es war nicht zuletzt die Erfahrung der Shoah, der industriellen, aber auch handwerklichen Massenvernichtung der europäischen Juden durch breite Teile der deutschen Bevölkerung unter nationalsozialistischer Führung, das dem Begriff der »Würde« des Menschen eine Prägnanz verliehen hat, die er vorher so nicht hatte. Geht man frei-

---

12 Dazu ausführlich: *Micha Brumlik*, Bildung und Glück, 65f.
13 *Primo Levi*, Ist das ein Mensch? Die Atempause, München 1986, 164.

lich den Wurzeln dieses so erstmals im Zeitalter der Aufklärung artikulierten Begriffs menschlicher Würde nach, stößt man auf die sog. »christlich-jüdische« Tradition, worunter in diesem Zusammenhang die alttestamentliche Gottesebenbildlichkeit, aber vor allem die neutestamentlichen Überlieferungen der Menschwerdung Gottes in Jesus von Nazareth verstanden werden. Indes wird bei dieser genealogischen Erzählung noch immer übergangen, dass das rabbinische Judentum bereits in der späten Antike einen expliziten Begriff der Würde des Menschen ausgebildet hat.

Der rabbinische Begriff der Würde

Dabei baut dieser Begriff der Würde auf den vor allem in den Prophetenbüchern der hebräischen Bibel artikulierte Vorstellungen einer universalen Gerechtigkeit in der Beziehung zwischen Menschen und Menschen, Staaten und Staaten, Staaten und Menschen auf. Allerdings: Die im achten Jahrhundert vor der christlichen Zeitrechnung bei den Wortpropheten, vor allem bei Amos artikulierten Grundsätze eines gerechten Zusammenlebens von Völkern und ihren Herrschern in Krieg und Frieden weisen weder die Präzision noch die Positivität der modernen Menschenrechte auf, auch lassen sie jede explizite Erwähnung eines Gedankens wie des der menschlichen Würde vermissen. Freilich deuten sich schon hier Vorstellungen von der grundsätzlichen Heiligkeit und das heißt Unantastbarkeit eines jeden menschlichen Lebens an. Ist es zulässig, aus derlei politischen Prinzipien von Bronze- und Eisenzeit den Rückschluss zu ziehen, dass der Gedanke der Menschenwürde, wie er frühestens in der italienischen Renaissance und spätestens in aller Deutlichkeit von Kant artikuliert wurde, seine Ursprünge und seine Basis in der jüdischen, der christlichen Religion hat? Denn: Nirgends in der Bibel, weder im Alten noch im Neuen Testament, finden sich ausdrückliche Formulierungen bezüglich der Menschenwürde. Die ersten antiken Zeugnisse, die diesen Begriff ausdrücklich aufweisen, finden sich in der stoischen Philosophie, speziell in Ciceros »De officiis«.[14] Diejenigen, die von der zureichenden Grundlegung der Menschenwürde in der Bibel überzeugt sind, führen dann schnell die im Buch Genesis behauptete Gottesebenbildlichkeit bzw. die Menschenebenbildlichkeit des Gottessohnes in Jesus von Nazareth an. Indes: eine Ausformulierung dieses Arguments wird man in der frühen Kirche nicht finden bzw. lange nach ihr suchen.

Anders das rabbinische Judentum, das sich nach der Niederschlagung des Bar Kochba-Aufstandes als Erbe des Pharisäismus von der Mitte des zweiten Jahrhunderts christlicher Zeitrechnung an zu formieren begann. In den Schriften der Weisen Israels, der Tannaim und Amoraim finden wir Debatten und Erörterungen, die genau jene Fragen berühren, die auch heute noch die vor allem bioethischen und politisch-ethischen Fragen einer ebenso globalisierten wie technisch beherrschbar gemachten Welt betreffen, als da sind: die Frage danach, wann überhaupt ein Mensch ein Mensch ist, welches der Wert des einzelnen menschlichen Lebens ist und wie sich dieser Wert aus den biblischen Schriften begründet.

Anders als das stark platonisch geprägte Christentum kannte das rabbinische Judentum zwar auch eine in Maßen dualistische Anthropologie von Leib und Seele und wich damit von der biblischen Ganzheitslehre, die sich im Begriff der »Nefesch« kondensierte, ab – ging aber niemals so weit, das Konzept einer vom Leib getrennten, die wahre Essenz des Menschseins ausmachenden Seele zu vertreten. Die leib-seelische Einheit indes, die der Mensch ist, tritt erst in der Welt in Erscheinung – was nach Maßgabe der rabbinischen Lehre genau dann der Fall ist, wenn der Embryo den Mutterleib ver-

---

14 *Rolf P. Horstmann,* »Menschenwürde«, in: Joachim Ritter/Karlfried Gründer (Hg.), Historisches Wörterbuch der Philosophie. Bd. 5, Darmstadt 1980, 1124–1127.

lassen hat. So heißt es in der Mischna, also jenes erst im zweiten Jahrhundert christlicher Zeitrechnung niedergeschriebenen anderen Teils der sinaitischen Weisung, zu einem spätantiken Dilemma in der Geburtshilfe:

> Wenn eine Mutter eine schwere Geburt erfährt, so soll das Kind in ihrem Leib zerschnitten und Glied für Glied herausgenommen werden, weil ihr Leben eine höhere Priorität als das des Kindes genießt. Sofern aber der größere Teil des Kindes bereits geboren ist, so darf es nicht angetastet werden, da ein Leben nicht gegen ein anderes aufgewogen werden darf.[15]

Bei der Frage nach der Menschlichkeit von Menschen geht es also zunächst nicht um eine moralische, sondern um eine ontologische Frage: Da gemäß der rabbinischen semidualistischen Anthropologie der in die Welt gestellte Leib den Menschen erst zum Menschen macht, kommt erst dem geborenen Menschen der unbeeinträchtigte Status absoluter Unantastbarkeit zu. Andererseits, typisch für den Pluralismus und Antagonismus rabbinischen Argumentierens liegt die Aussage eines Weisen vor, wonach es gemäß der noachidischen, alle Menschen – nicht nur die Juden – betreffenden Weisung ein todeswürdiges Verbrechen ist, einen Embryo zu töten.[16] Entscheidend ist nach Maßgabe der rabbinischen Abtreibungsdebatte, dass das Leben geborener Menschen nicht gegeneinander aufgewogen werden darf. Die Begründung hierfür fanden die Rabbanim des zweiten und dritten Jahrhunderts nun in der Tat in der biblischen Gottesebenbildlichkeit. So erklärte Rabbi Akiba im frühen zweiten Jahrhundert, dass der Respekt des Menschen vor dem Menschen in dem Ausmaß wuchs, indem er erkannte, dass er und seinesgleichen von Gott geschaffen wurden.[17] Das damit implizierte Prinzip einer

---

15 Ohalot VII, 6.
16 *Efraim E. Urbach*, The Sages, their concepts and beliefs, Cambridge 1979, 243.
17 a. a. O., 271.

universalistisch gefassten Gleichheit aller Menschen findet sich – wenn auch in narrativer Form – bereits in der Mischna, nach jüdischer Überlieferung der mündlich überlieferten Tora vom Sinai, die verschriftet seit dem zweiten Jahrhundert der Zeitrechnung bekannt ist:

> Also ward der Mensch als einzelnes Individuum geschaffen, und um des Friedens unter den Menschen willen, sollte niemand zu seinem Genossen sagen: Mein Vater war größer als deiner und zugleich die Größe Gottes, gesegnet sei er, aufrufen, denn: wenn ein Mann viele Münzen mit einem Prägestock prägt, so sind doch alle Münzen gleich – aber der König der Könige prägte jeden Menschen mit dem Prägestock des ersten Menschen und (dennoch) ist keiner mit seinem Genossen identisch. Und daher ist es die Pflicht eines jeden Menschen, zu beten (zu sagen): Um meinetwillen wurde die Welt erschaffen.[18]

Das damit vergleichsweise früh, wenn auch nur narrativ gefasste Prinzip der Heiligkeit der Individualität und damit eines jeden Individuums hat sich zugleich in einer Reihe moralischer Imperative niedergeschlagen. Wiederum war es zu Beginn des zweiten Jahrhunderts Rabbi Akiba, der die wesentlichen Stichworte lieferte: »Der Mensch ist geliebt, denn er war in Gottes Antlitz geschaffen«,[19] sowie, darauf folgend: »Jeder, der (menschliches) Blut vergießt, zerstört das Ebenbild Gottes«, eine Aussage, die Akibas Schüler Ben Azzai in einem Zusatz noch verschärfte: »Jeder, der sich nicht für den Schutz der menschlichen Gattung einsetzt, wird von der Schrift angeklagt, die Gottesebenbildlichkeit zu verkleinern.«[20]

Diese grundsätzlichen Überlegungen wurden von einer ganzen Reihe vor allem narrativ argumentierender Rabbinen später anekdotisch so verdeutlicht, dass die Dienstengel vor dem von Gott geschaf-

---

18 Mischna Sanhedrin IV, 5.
19 *Urbach*, Sages, 253.
20 a. a. O., 227.

fenen, präexistenten Adam niederfielen und von höheren Engeln darauf aufmerksam gemacht werden mussten, dass sie einem Irrtum unterlagen: Es handelte sich nicht um Gott, sondern um den ersten Menschen.[21] Aus einer weiteren Debatte, wie sie vor allem im talmudischen Traktat Sanhedrin dokumentiert ist, wird deutlich, dass die Rabbanim die universalistischen, prophetischen Bücher ausgezeichnet kannten, wenn sie sich etwa auf Jesaja 43 beziehen, wonach Gott alles, auch den einzelnen Mensch, zu seinem Ruhm geschaffen hat. Bei alledem setzten die Weisen Israels auf ein strikt individualisiertes, moralisches Handeln, das dem einzelnen, menschliches Leben rettenden Individuum zugleich das Verdienst anrechnet, die Schöpfung im Ganzen gerettet zu haben, so jedenfalls die Mischna: »Jeder, der einen einzelnen Menschen rettet, wird es so angerechnet, als ob er die ganze Schöpfung gerettet habe.«[22] Folgt daraus umgekehrt, dass, wer ein einzelnes menschliches Leben zerstört, auch im Grundsatz die Schöpfung zerstört? Zu solcher Radikalität waren die stets realistisch und pragmatisch denkenden Rabbanim nicht bereit: Anders als der rigorose Bergprediger befürworteten sie genau aus dem Prinzip der Heiligkeit eines einzelnen Lebens ein Recht auf Notwehr und Selbstverteidigung, ohne indes jenen, die Selbstverteidigung übten, ein übermäßig gutes Gewissen zu verschaffen: Dass, wer – aus welchem Grunde auch immer – Blut vergießt, damit zugleich Gottes Ebenbild zerstört, wird durch den verteidigbaren Zweck einer solchen Handlung nicht aufgehoben. Es war Rabbi Hillel, er lebte Ende des ersten Jahrhunderts vor der christlichen Zeitrechnung, der auch dieser Überzeugung in einer ausgerechnet auf die hellenistisch-römische Staatsreligion Bezug nehmenden Geschichte Rechnung trug:

»Dieses Prinzip mag der Geschichte eines Königs gleichgesetzt werden, der ein Land eroberte, Abbilder seiner selbst aufstellen,

---

21 a.a.O., 229.
22 Sanhedrin IV, 5.

Statuen seiner selbst errichten und Münzen mit seinem Bild prägen
ließ. Als dann seine Abbilder umgestürzt, seine Statuen zerbrochen
und der Wert seiner Münzen außer Kraft gesetzt wurden, wurde
auch die Ähnlichkeit mit dem König zerstört. Und genau so schreibt
es die Schrift einem jeden zu, der (menschliches) Blut vergießt: er
zerstört das Ansehen des Königs (Gottes).«[23]

Man beachte bei alledem, dass in den oben wiedergegeben Passa-
gen aus den rabbinischen Schriften stets strikt universalistisch vom
»Menschen« und nicht etwa von »Israel« die Rede ist. Die Rabbanim hatten damit die grundsätzliche, absolute Schutzwürdigkeit
eines jeden Menschen schon in einer Zeit artikuliert, als das den
Vätern der Kirche in dieser Prägnanz noch nicht gelungen ist: dem
Umstand zum Trotz, dass ihrem Glauben nach der göttliche Logos
zum leidenden Menschen geworden war. Der Kirchenvater Ambro-
sius von Mailand verfasste seine Schrift unter dem Titel »De digni-
tate conditionis humanae« im vierten Jahrhundert. Gleichwohl ist
nicht zu übersehen – und das wird an der zuletzt wiedergegebenen
Parabel Hillels unübersehbar deutlich –, dass die Würde des Menschen als Ebenbild Gottes ganz und gar von der Würde Gottes ab-
geleitet ist. Man mag der Auffassung sein, dass die Würde des Menschen ohne die Würde des biblischen Gottes nicht zu denken ist,
muss aber gleichwohl zur Kenntnis nehmen, dass die neuzeitliche
Philosophie, beginnend mit Pico della Mirandola[24] bis hin zu Kant
und Fichte, das anders gesehen hat. Zugleich hat man sich dann in
der globalisierten Welt zu fragen, ob andere, nicht auf dem biblischen Monotheismus und nicht auf der Philosophie der Aufklärung
beruhende Kulturen überhaupt die Möglichkeit haben, aus ihren
ganz eigenen Traditionen heraus einen Zugang zur Idee der Würde
des Menschen zu finden.

---

23 *Urbach*, Sages, 227.
24 *Pico della Mirandola*, Über die Würde des Menschen, Zürich 1988.

Auf jeden Fall: Die im rabbinischen Judentum entwickelten Vorstellungen von der Einzigartigkeit und Unantastbarkeit des Menschen widerlegen zwar nicht die Vorstellung eines erhabenen Gottes, wohl aber das antijudaistische Vorurteil, dass dieser ebenso erhabene wie barmherzige Gott den Menschen in größter Distanz gegenübersteht, wie etwa Hegel sowohl in seinen Frühschriften als auch noch in seinen späteren Ausführungen zur »Religion der Erhabenheit« meinte.[25] Das Gegenteil ist der Fall: Gerade weil Gott erhaben ist und weil er in seiner Erhabenheit und Barmherzigkeit den Menschen, die Menschen geschaffen hat, geht diese Erhabenheit und d. h. Heiligkeit und – moralisch politisch gesehen – Unantastbarkeit auf sie über. Während sich im christlichen Glauben die Barmherzigkeit Gottes im Tod des inkarnierten, göttlichen Logos, im Tod des Messias Jesus offenbart, erweist sich im Judentum Gottes ganze Gnade bereits im Akt der Schöpfung – einer Gnade, die auch durch die Sünde einzelner und ganzer Völker nicht verwirkt werden kann. Würde aber erweist sich in ihrer vollen Bedeutung immer auch als die Erinnerung an ihre Verletzung, als Eingedenken an Unrecht und Gewalt.

Erinnerung und Solidarität

Es war der Theologe Helmut Peukert, der eine Ethik des Gedenkens und Erinnerns ausdrücklich unter den Begriff einer anamnetischen Solidarität fasste und zugleich deren Paradoxien untersuchte.[26] Die im Anschluss an Überlegungen Max Horkheimers geführten Debatten kreisten immer wieder um Walter Benjamins berühmte geschichtsphilosophische Thesen, in denen eine Geschichtsschreibung

---

25 *Walter Jaeschke*, Hegel Handbuch. Leben – Werk – Wirkung, Stuttgart/Weimar 2003, 85–90.

26 *Helmut Peukert*, Wissenschaftstheorie – Handlungstheorie – Fundamentale Theologie, Frankfurt a. M. 1988, 301–310.

gefordert wird, die dem Umstand Rechnung trägt, dass – solange die Welt auch in einer jeweiligen Gegenwart von Unrecht gezeichnet ist – auch die Toten bedroht sind:

> Nur dem Geschichtsschreiber wohnt die Gabe bei, im Vergangenen den Funken der Hoffnung anzufachen, der davon durchdrungen ist: auch die Toten werden vor dem Feind, wenn er siegt, nicht sicher sein [...].[27]

Benjamin spekuliert in diesem Zusammenhang, dass die jeweils Gegenwärtigen auf der Basis einer »geheimen Verabredung« zwischen den Generationen erwartet worden seien, um die Vergangenheit, die Vergangenen mittels einer »schwachen messianischen Kraft«[28] zu retten. Eine Ethik der Erinnerung, des Eingedenkens,[29] wie sie Benjamin entworfen hat, lässt sich auch jenseits ihres spekulativen Überschusses und ihrer Paradoxien rechtfertigen.[30] Indes: auch der Gedanke einer Gerechtigkeit jenseits der Gräber ist biblischen Ursprungs und wohl am prägnantesten vom Propheten Jesaja artikuliert worden. In Jes 26, Verse 14 und 19 wird eine göttliche Gerechtigkeit jenseits der Gräber verheißen, wenn der Prophet Gott preist:

> Tote werden nicht lebendig, Schatten stehen nicht auf. Darum hast du sie heimgesucht und vernichtet und jede Erinnerung an sie getilgt. [...] Deine Toten aber werden leben, ihre Leichname stehen wieder auf. Wacht auf, und jubelt, ihr Bewohner des Staubs! Denn ein Tau von Lichtern ist dein Tau, und die Erde wird Schatten gebären.

---

27 *Walter Benjamin*, Über den Begriff der Geschichte, in: Ders., Gesammelte Schriften. Bd. I.2, Frankfurt a. M. 1980, 695.

28 a.a.O., 694.

29 *Micha Brumlik*, Gerechtigkeit zwischen den Generationen, Berlin 1996, 89–131.

30 Lutz Wingert, Haben wir moralische Verpflichtungen gegenüber früheren Generationen? Moralischer Universalismus und erinnernde Solidarität, in: Babylon 9 (1991), 78–94; *Micha Brumlik*, Aus Katastrophen lernen? Grundlagen zeitgeschichtlicher Bildung in menschenrechtlicher Absicht, Berlin/Wien 2004, 172f.

Anders als das Christentum hat sich das Judentum – abgesehen von einigen volksreligiösen, mystischen Traditionen – eines jeden Jenseitsglaubens enthalten und das alttestamentliche Bilderverbot zumal im Blick darauf strikt beglaubigt. Es war ein jüdisches Buch des augustäischen Zeitalters,[31] das später so genannte Evangelium des Matthäus, in dem die beiden bisher erörterten Konzepte, »Würde des Menschen« und »Eingedenken«, miteinander verbunden wurden: Diese Verbindung hat ihren treffendsten Ausdruck im Evangelium des Matthäus, 25,40 gefunden, einer jüdischen Schrift aus dem ersten Jahrhundert christlicher Zeitrechnung, in der sich der messianische König beim jüngsten Gericht zu den Angeklagten, aber auch zu den Freigesprochenen auf Rückfrage nach ihrem Schicksal erklärt:

> Denn ich bin hungrig gewesen und ihr habt mich gespeist. Ich bin durstig gewesen und ihr habt mich getränkt. Ich bin ein Gast gewesen und ihr habt mich beherbergt. Ich bin nackt gewesen und ihr habt mich bekleidet. Ich bin krank gewesen und ihr habt mich besucht, ich bin gefangen gewesen und ihr seid zu mir gekommen.

Als Summe all dessen erklärt der messianische König, der Herr des letzten Gerichts schließlich: »Was ihr getan habt einem unter diesen meinen geringsten Brüdern, das habt ihr mir getan.« Kriterium des Urteils ist somit das mehr oder minder vollzogene oder auch ganz unterlassene Handeln gegenüber jenen, die als die »Geringsten« der Gesellschaft galten.

In dieser Passage des Evangelium des Matthäus schießen die beiden Elemente einer produktiven Erinnerungskultur aus den Quellen des Judentums zusammen: die prophetische, speziell jesajanische, aber auch bei Ezechiel auffindbare Tradition einer Gerechtigkeit

---

31 *Leo Baeck*, Das Evangelium als Urkunde jüdischer Glaubensgeschichte, Berlin 1938 (Gütersloh 2000).

jenseits der Gräber, einer »anamnetischen Solidarität« sowie die rabbinische Tradition einer auf der Gottesebenbildlichkeit des Menschen beruhenden Unantastbarkeit eines jeden einzelnen Menschen.

Susanna Faust-Kallenberg

Dialogische Erinnerungskultur als Zeichen der Integration

Frankfurt ist eine multikulturelle Stadt. Mehr als 180 Religionsgemeinschaften und über 270 Nationen und Kulturen leben hier. Einige sind schon seit vielen Jahrhunderten hier verwurzelte »Frankfurter«, so echt wie Apfelwein und grüne Soße, andere sind erst vor einigen Monaten auf dem Frankfurter Flughafen gelandet und noch nicht über die Münchner Straße hinausgekommen.

Alle haben ihre eigenen Erinnerungen im Gepäck und pflegen eigene Formen der Erinnerungskultur. Dabei dominiert die kollektive Erinnerung der Mehrheit. Sie bestimmt das, was als »Frankfurter Erinnerungskultur« definiert wird. Diese ist hauptsächlich durch einen negativen Ansatz geprägt. An erster Stelle stehen dabei Gedenkveranstaltungen und Denkmäler, die an die Folgen des Nationalsozialismus und die Zerstörung durch den Zweiten Weltkrieges erinnern (z. B. das Denkmal an der Europäischen Zentralbank oder am Börneplatz), erst an zweiter Stelle folgt die mit der Paulskirche verbundene Erinnerung an die Geburtsstätte und das Symbol der Demokratie (z. B. die Verleihung des Friedenspreises des deutschen Buchhandels). Diese negative Priorisierung, die einen ethischen Charakter hat, ist jedoch nicht selbstverständlich. Sie wurde und wird im Laufe der jüngeren Frankfurter Stadtgeschichte immer wieder in Frage gestellt. Schon die Auseinandersetzung um die Ausgrabungen der Judengasse am Börneplatz und die Rekonstruktion der Altstadt sind Anfragen an diese Priorisierung einer negativen Erinnerungskultur. Immer wieder taucht der Wunsch auf, das Rad der Zeit zurückzudrehen vor den Zweiten Weltkrieg und die Folgen der Zerstörung der Altstadt oder

der Judenverfolgung zuzudecken. Bisher ist eine solche Umkehrung nie gelungen, weil der Sehnsucht die Berichte der Zeitzeug*innen entgegenstanden. Doch je weiter sich die Frankfurter und Frankfurterinnen zeitlich von ihrer eigenen Geschichte entfernen, desto mehr Zeitzeug*innen sterben und desto mehr sind sie auf Narrative der zweiten und dritten Generation, auf das Hören-Sagen angewiesen. Damit steigt die Gefahr einer Idealisierung und Verschiebung der Erinnerung. Wie kann das Kollektiv gewährleisten, dass die eigenen Narrative den wahren ethischen Kern lebendig erhalten und ihn nicht mit Stuck und Fachwerk überziehen?

Die Multikulturalisierung könnte ein Weg aus diesem Dilemma sein. Was bisher als ein Integrationsproblem mit Konfliktpotenzial empfunden wird, könnte in der dialogischen Entwicklung einer neuen Erinnerungskultur zu einer Vertiefung einer ethischen negativen Erinnerungskultur der jüngsten deutschen Geschichte führen. Hier liegen eine Herausforderung und eine Chance, die man nicht verpassen darf. Jetzt ist der Kairos, der Augenblick, an dem aus dem Konflikt etwas Positives entstehen kann: eine Frankfurter Erinnerungskultur.

Die Frankfurter Situation

In Frankfurt leben ca. 750.000 Einwohner*innen, davon 230.000 ausländischer Herkunft, etwa 50 Prozent davon mit deutschem Pass. Wenn man nach den Mengenverhältnissen geht, dann kommen die meisten aus der Türkei, danach folgen Kroatien, Italien, Polen, Rumänien, Serbien, Bulgarien, Spanien, Indien, Griechenland, Bosnien-Herzegowina, Spanien, Afghanistan, China, Frankreich, Portugal, Russland, Japan, Eritrea, USA, Iran, Österreich, Korea, Syrien, Ukraine, Pakistan, Großbritannien, Ungarn, Nordmazedonien und Kosovo. Frankfurt hat sich in den letzten 60 Jahren verändert. Die Einwohner*innen ausländischer Herkunft haben anders als ihre

Nachbar*innen keinen Vater oder Großvater, der am Zweiten Weltkrieg teilgenommen hat, oder eine Großmutter, die ausgebombt wurde, stattdessen gehören sie vielleicht sogar zu den Siegermächten. Ihr Fluchtweg war ein anderer, Ihre Schuldverflochtenheit oder ihr Opferstatus ein anderer und damit auch ihr Narrativ.

Als letzter Schritt auf dem Weg der Integration in die Frankfurter Stadtgesellschaft wird nun von ihnen verlangt, dass sie sich in die deutsche Schuldgeschichte integrieren, sich die Gedenkorte und -tage zu eigen machen. Das fällt vielen schwer. Schließlich tragen sie an den Folgen der eigenen Erinnerungen. So werfen sie im Gegenzug der Mehrheitsgesellschaft vor, keinen Ort und keinen Platz für ihre Erinnerungskultur zu haben und ihnen damit das Ankommen und die Integration noch mehr zu erschweren. Schließlich haben sie sich doch nicht schuldig gemacht.

Dabei reicht es nicht aus, ihren Narrativen zuzuhören und ihnen in der Frankfurter Stadtgesellschaft Aufmerksamkeit zu verschaffen. Denn unter den in Frankfurt lebenden Einwohner*innen ausländischer Herkunft gibt es Opfer und Täter*innen und in der überwiegenden Zahl der Fälle hat keine Aufarbeitung der gemeinsamen Schuldgeschichte stattgefunden. Hier seien nur einige der vielen Schuldgeschichten genannt, die regelmäßig zu Konflikten führen.

Ein gutes Beispiel sind Türk*innen und armenische und griechisch-orthodoxe Christ*innen. Mehrfach wurden Gedenkveranstaltungen und Ausstellungen, die an den Völkermord an den Armenier*innen (Aghet) erinnern sollten, gestört. Deutsche Politiker, die eine Aufarbeitung und ein Schulbekenntnis der türkischen Regierung forderten, wurden angegriffen. Die Spannungen sind ständig greifbar bis hin zu tätlichen Auseinandersetzungen.

Ein weiteres Beispiel ist der Konflikt zwischen den koreanischen Gemeinden und den Vereinen, die sich um die Aufarbeitung des Schicksals koreanischer »Trostfrauen« kümmern, die während des Zweiten Weltkriegs unter japanischen Soldaten leiden mussten. Bis heute wird jede Ausstellung und Aufstellung eines Denkmals selbst hier in Frankfurt von einer Protestnote des japanischen Konsulates begleitet.

Eine offene Wunde ist noch immer der Konflikt zwischen orthodoxen Serb*innen und den bosnischen Muslim*innen. Nach dem Genozid an den Muslim*innen in Sebrenica sind viele nach Deutschland geflohen; schwer traumatisiert, fürchten sie sich vor einer Verfolgung durch serbische Nationalisten. Selbst in Deutschland lässt sie diese Angst nicht los, während die Serbisch-Orthodoxe Kirche weiterhin zusammen mit der serbischen Nation von einem Großreich träumt.

Zu einer besonders großen Herausforderung werden die syrischen und iranischen Geflüchteten, da sie Narrative mitbringen, die den deutschen völlig widersprechen. Ihre Opfergeschichte ist die der Naqba. Sie identifizieren sich mit der Vertreibungsgeschichte der Palästinenser*innen. Selbst Vertriebene eines Regimes, das sie indoktriniert hat, können sie sich doch nicht aus dem kollektiven Narrativ lösen, mit dem sie aufgewachsen sind.

Wie lassen sich diese gegensätzlichen Narrative versöhnen und darüber hinaus für die deutsche Erinnerungskultur fruchtbar machen?

Deutsche Erinnerungskultur als Vorbild

Bei vielen Opfern wie z. B. den Armeniern und Bosniaken gilt die Aufarbeitung der deutschen Schuldgeschichte als vorbildlich. Die kritische Wahrnehmung der eigenen Geschichte und das Bekenntnis der eigenen Schuld sind Handlungen, die sie sich von ihren Täter*innen erhoffen. Mit den jüdischen Opfern können sie sich identifizieren. Eine Begegnung mit ihren Täter*innen ist für sie vorstellbar, wenn sie von Dialogpartner*innen ihres Vertrauens moderiert wird.

Die Täter*innen mögen die Aufarbeitung der deutschen Schuldgeschichte nicht genauso positiv wahrnehmen, trotzdem haben sie in der Regel einen großen Respekt vor und Vertrauen zu ihren Nachbar*innen und Dialogpartner*innen aus den Kirchen, mit denen sie sich oft schon seit Jahren verbunden fühlen. Auch der Trialog hat sich in Frankfurt zwischen verschiedenen islamischen Gemeinden, christlichen Kirchen, der Jüdischen Volkshochschule und der GCJZ Frankfurt etabliert. So ist Vertrauen entstanden, auf dem aufgebaut werden kann, wenn es darum geht, eine integrative Erinnerungskultur zu entwickeln, wie sie unten dargestellt werden soll.

Natürlich ist dabei auch mit Schwierigkeiten zu rechnen. Die Täter*innen sehen sich oft selbst als Opfer der Umstände, reden die Zahlen der Opfer klein, sind nicht bereit, sich der Realität zu stellen. Sie kennen die Ideologie ihrer Heimatländer, haben in der Regel noch nie echte Beweise gesehen. Eine integrative Erinnerungskultur muss die Vorurteile, die die einzelnen Gruppen mitbringen, in das Konzept miteinbeziehen.

Ein weiteres Problem ist, dass die Opfer oft Angst haben. Manche haben selbst eine Flüchtlingserfahrung hinter sich, sind durch Folter oder lange Gefängnisaufenthalte traumatisiert oder geprägt durch die Narrative ihrer Eltern. Sie brauchen deshalb den geschützten Raum. Hinzu kommt, dass sie meistens aus einer Unterdrückungssituation kommen und auf Solidarität angewiesen sind. Jüdischen Menschen sind für sie Vertrauenspersonen, weil sie in ihnen Leidensgenoss*innen wiederzuerkennen glauben, doch eine solche Vertrauensbeziehung funktioniert natürlich nur dann, wenn in Diskussionen auf Opferkonkurrenzen verzichtet werden kann.

Gibt es nur einen Genozid oder mehrere? Wie lässt sich die Vernichtung der Armenier, die Vernichtung der Jeziden, die Vernichtung der Bosniaken bezeichnen? Diese für die Geschichtswissenschaft wichtige Frage darf im geschützten Dialog nicht zu einem dogmatischen Diskurs führen, weil sie sonst die für das Opfer notwendige Sicherheit zerstört.

Eine integrative Frankfurter Erinnerungskultur in vier Schritten

1. Schaffung eines geschützten Dialograumes

Am Anfang steht die Schaffung eines geschützten Raumes, in dem die Begegnung von Täter*innen und Opfern möglich ist, moderiert von jüdischen und christlichen Dialogpartner*innen. Dieser erste Schritt ist der schwerste. Er setzt voraus, dass Menschen, die normalerweise die Begegnung miteinander meiden, freiwillig zusammenkommen. Dies ist nur möglich, wenn die Initiator*innen zuvor mit beiden Seiten intensive Einzelgespräche führen und das Konzept erklären. Transparenz wird dabei vorausgesetzt, sie vermittelt die notwendige Sicherheit. Es ist möglich, dass mehrere gemeinsame Vorbereitungstreffen stattfinden müssen, bevor über die unterschiedlichen Narrative offen gesprochen werden kann. Gerade hier zeigt sich jedoch die Stärke der Erinnerungsarbeit, wie sie in der Erinnerung an die Shoa entwickelt wurde und als Vorbild dienen soll. Zeitzeugengespräche spielen dabei eine wichtige Rolle und dort, wo das wie z.B. beim Völkermord an den Armeniern nicht mehr möglich ist, kann eine Mischung aus historischen Fotos und authentischen Exponaten, wie Tagebüchern, Kinderspielzeug, religiösen und persönliche Gegenständen, eine Rolle spielen. So wird eine fühlbare Realität vermittelt, die sich jeder eingeübten Ideologie entgegenstellt. Was diese Zeitzeugengespräche so besonders macht, ist ihre Verbindung zu der Erinnerungsarbeit an die Shoa. Von Anfang an werden Brücken zwischen der Situation und der Erfahrung jüdischer Opfer und deutscher Täter*innen während des Dritten Reichs und den Erfahrungen von Opfern und Täter*innen ausländischer Herkunft gezogen. Das ausländische Narrativ und das deutsche Narrativ werden miteinander verwoben, ohne das eine oder das andere zu relativieren. Was sie verbindet, ist die Methode. Nicht mehr und nicht weniger.

2. Besuch an deutschen Orten der Erinnerung

Ein zweiter Schritt kann dann eine gemeinsame Reise an Orte der Erinnerung sein. Beginnend mit Frankfurter Orten der Erinnerung, danach zu einem Konzentrationslager. Dabei ist es wichtig, dass die Führung jeweils die Ereignisse vor Ort beschreibt und den Opfern und Täter*innen und ihren Nachfahren auf einer Metaebene die Möglichkeit gibt, Erinnerungsorte in ihrer eigenen Geschichte zu reflektieren.

3. Besuch an Orten der Erinnerung in der ehemaligen Heimat

Ein dritter Schritt kann dann eine gemeinsame Reise an Orte der Erinnerung der Täter*innen und Opfer sein zusammen mit den deutschen Dialogpartner*innen. Indem sie ihren deutschen Dialogpartner*innen ihre Erinnerungsorte zeigen, nähern sie sich den Orten mit ihren unterschiedlichen bzw. inzwischen veränderten Perspektiven an. Dort kann in einer gemeinsamen religiösen Feier ein Schuldbekenntnis formuliert werden. Bis zu diesem dritten Schritt ist es ein weiter Weg. Möglicherweise wird es nie zu diesem Teil kommen, weil für den einen oder die andere auch politische Konsequenzen damit verbunden sind, die sie selbst nicht beeinflussen kann.

4. Installation eines Erinnerungszeichens in Frankfurt

Ein vierter Schritt sieht vor, dass man gemeinsam in Frankfurt einen Ort findet, an dem ein sichtbares Zeichen der Erinnerung installiert werden kann. Auf diese Weise ist das Narrativ der beiden Kulturen, von Opfer und Täter*innen durch die Vermittlung von christlichen

und jüdischen Frankfurter*innen, die Nachfolger*innen einer
Täter*innen und Opfergeneration sind, zu einem Teil Frankfurts
geworden und zugleich hat es sich für die Einwohner*innen ausländischer Herkunft mit der negativen Erinnerungskultur der Shoa
verbunden.

Fazit

Der christlich-jüdische Dialog birgt Möglichkeiten, die er bisher
noch viel zu wenig ausgeschöpft hat. Die Kompetenz, die sich gerade die Gesellschaften für christlich-jüdische Zusammenarbeit im
Laufe der letzten sieben Jahrzehnte im Umgang mit der historischen
Schuld und der bleibenden Verantwortung angesichts in deutschem
Namen betriebenen Vernichtung jüdischen Lebens erworben haben
– bei gleichzeitiger Pflege eines aktiven gelingenden Dialogs zwischen Christ*innen und Jüd*innen –, prädestiniert sie für die oben
beschriebene Aufgabe. Indem sie zwischen Opfern und Täter*innen
anderer Katastrophen und Völkermorde vermittelt, kann sie zugleich
die deutsche Geschichte fühlbar und plausibel machen. So wird sie
zu einem Teil der persönlichen Geschichte der Einwohner*innen
ausländischer Herkunft in Frankfurt und Frankfurt und zugleich zu
einem Teil ihrer Geschichte. Ein Zuhause für viele Ethnien mit einer
bunteren Geschichte und einer lebendigen ethischen Erinnerungskultur, die allen viel bedeutet.

Die Autorinnen und Autoren

Aleida Assmann, em. Professorin der Uni Konstanz; die Literatur- und Kulturwissenschaftlerin erhielt 2018 mit ihrem Mann Jan Assmann den Friedenspreis des deutschen Buchhandels.

Micha Brumlik, em. Professor der Erziehungswissenschaften an der Goethe-Uni Frankfurt; seit 2013 ist er Senior Professor am Zentrum Jüdische Studien Berlin/Brandenburg.

Marc Fachinger, Dr., Referat Berufliche Bildung im Bistum Limburg.

Susanna Faust-Kallenberg, Pfarrerin für Interreligiösen Dialog im ev. Stadtdekanat Frankfurt und Offenbach. Evangelische Vorsitzende der Gesellschaft für christlich-jüdische Zusammenarbeit Frankfurt (GCJZ).

Rolf Glaser, Stellvertretener Dekan vom kath. Stadtdekanat Frankfurt sowie Dekan von Frankfurt-Höchst und Gemeindepfarrer. Katholischer Vorsitzender der Gesellschaft für christlich-jüdische Zusammenarbeit Frankfurt (GCJZ).

Petra Kunik, Autorin, Interreligiöse und Interkulturelle Referentin sowie erste und jüdische Vorsitzende der Gesellschaft für christlich-jüdische Zusammenarbeit e. V. Frankfurt.

Melanie Lohwasser, Pfarrerin der evangelischen Luthergemeinde Frankfurt.

Hermann Vornoff, langjähriger wissenschaftlicher Mitarbeiter am Deutschen Institut für Erwachsenenbildung Frankfurt; danach interdisziplinärer Bildungsforscher und freier Dozent.